生成式
AI大模型
赋能金融业变革

姚 前 杨 涛◎主 编
林常乐 闵文文◎副主编

人民日报出版社
北 京

图书在版编目（CIP）数据

生成式AI大模型：赋能金融业变革 / 姚前，杨涛主编. —北京：人民日报出版社，2024.3
ISBN 978-7-5115-8160-0

Ⅰ.①生… Ⅱ.①姚… ②杨… Ⅲ.①人工智能—应用—金融业—研究 Ⅳ.①F83-39

中国国家版本馆CIP数据核字（2024）第019574号

书　　　名：生成式AI大模型：赋能金融业变革
　　　　　　SHENGCHENGSHI AI DAMOXING：FUNENG JINRONGYE BIANGE
主　　　编：姚　前　杨　涛

出　版　人：刘华新
责　任　编　辑：蒋菊平　徐　澜　南芷葳
版　式　设　计：九章文化

出　版　发　行：人民日报出版社
社　　　址：北京金台西路2号
邮　政　编　码：100733
发　行　热　线：（010）65369509　65369527　65369846　65369512
邮　购　热　线：（010）65369530　65363527
编　辑　热　线：（010）65369528
网　　　址：www.peopledailypress.com
经　　　销：新华书店
印　　　刷：大厂回族自治县彩虹印刷有限公司
法　律　顾　问：北京科宇律师事务所　（010）83622312

开　　　本：710mm×1000mm　1/16
字　　　数：202千字
印　　　张：14.25
版次印次：2024年3月第1版　　2024年3月第1次印刷

书　　　号：ISBN 978-7-5115-8160-0
定　　　价：46.00元

序一

大模型赋能金融科技：思考与展望

柴洪峰　中国工程院院士

随着金融科技的蓬勃发展，金融行业正经历着一场革命性的变革。金融垂直领域模型构建与金融数据的结合成为推动金融科技创新和发展的重要动力。通过整合跨学科研究和系统方法，能够探索金融系统的整体性和复杂性，超越单点技术突破，从而推动金融科技的突破性进展。近日，国家金融与发展实验室副主任杨涛教授邀请我为本书作序，我将从大模型赋能金融科技方面谈谈自己的思考和对未来的展望。

大数据、人工智能和机器学习等技术的发展，使人们能更快速、高效地获取、分析、存储、共享和整合各种异构数据。然而，金融垂直领域的大模型应用仍面临一些挑战。金融数据和知识的私密性限制了共享和构建大规模数据集的能力。此外，金融数据的多模态特性增加了模型处理和建模的复杂性。为了克服这些难题，加强产学研的合作势在必行，共同构建更强大的金融垂直领域基础模型，提升大模型对多模态数据的表达能力至关重要。

一、构建金融垂直领域模型：金融数据与通用大模型的结合

金融科技的崛起正在改变金融行业的面貌，实现金融科技突破对于推动金融领域的创新和发展至关重要。而整体思维和系统认知是实现金融科技突破的

首要前提，金融系统是一个开放复杂巨系统，已经很难依靠"点"上的技术突破实现整体提升。所以需要将跨学科的研究和系统方法作为解决重大关键问题的首选项。

系统认知就是要从系统要素构成、互作机理和耦合作用来探索问题的解决途径。金融与实体经济是一个生命共同体，金融领域的科学突破必须突破单要素思维，从资源利用、运作效力、系统弹性和可持续性的整体维度进行思考。

数据科学和信息技术是金融领域的战略性关键技术，数据科学和分析科技的进步为金融领域的研究和知识应用提供了重要的突破机遇。大数据、人工智能、机器学习等技术的发展提供了更快速的收集、分析、存储、共享和集成异构数据的能力和高级分析方法。数据科学和信息技术能够极大提高对复杂问题的解决能力，在动态变化条件下，自动整合数据并进行实时建模，促进形成数据驱动的智慧管控。

人机混合智能技术将成为推动金融领域进步的创新驱动技术。人机混合智能技术包括自然语言处理、机器学习、计算机视觉、语音识别和智能推荐等多个领域。这些技术的发展使得人和机器间的交互变得更加智能化，人机混合智能在金融领域的应用也越来越多，最新的大模型技术，如 ChatGPT、MOSS、ChatGLM 等，是和目前的金融垂直领域结合的热点。

金融数据底座的构建可以包括各类金融实时数据，各类需解析的文档数据、各类非结构化数据以及信息高度浓缩文本。通过庞大的金融垂直类数据为金融大模型提供数据支撑。

对于金融垂直领域大模型的构造需要解决的关键问题有如下三点。

一是多源、异构金融数据金融数字底座构建、金融数据安全共享使用。

二是金融数据底座与大模型的融合技术，解决通用大模型在垂直领域知识匮乏、知识关联问题，同时实现模型根据数据实时更新、不断迭代。

三是基于金融科技底座的大模型对于金融科技多领域的应用赋能，展现金融垂直领域涌现能力。

然而目前大模型在金融垂直领域仍未挖掘出涌现效应，一方面是由于金融数据及知识的私密性导致难以共享，无法构建一个庞大的数据集，对此可以增强产学研的联动性，共同构建更强的金融垂直领域基座模型。另一方面由于金融数据模态更多，难以进行统一的处理建模，而如今的大模型对此种多模态的表达能力仍有待加强。

二、关于知识图谱与大模型的融合：知识驱动与数据驱动的交互

在过去的研究中，我们构建金融知识图谱系统，其过程多为从研报、财报等各类非结构化文本信息中抽取多源异构知识，通过实体对齐、实体消歧等知识融合方法完善庞大复杂的金融知识图谱，并通过分布式图数据库存储图数据，便于后续分布式图算法的开发与应用，这些已构建的金融知识图谱在大模型时代仍有其不可替代的应用。

知识图谱是过去对显示知识的一种符号化表达，大模型是对隐性知识的新兴表达。在大模型时代，也不能完全摒弃已构建的海量知识图谱，知识图谱能够指导大模型对行业进行正确精准的认知，提高其理解、推理决策的能力。知识图谱及专家知识库解决问题的范式需要与基于与统计学习的大模型范式相融合，才能更好推动领域内涌现能力的出现。我们需要把以知识图谱为代表的知识驱动方法，基于利用静态以及动态的知识图谱，与以大模型为代表的数据驱动方法进行持续交互，运用多种模式，以达到知识图谱与大模型的完美结合。以人机结合方式解决现实中的复杂问题，在认知的过程中，通过人机协同挖掘一些很难由人类或计算机单独发现的新知识。

三、关于金融大模型的监管：从安全角度解决大模型的部署问题

金融数据和垂直领域大模型密切相关，存在数据安全、大模型安全可信和技术伦理等问题，同时金融领域也涉及敏感信息和决策，因此对于金融大模型的监管必不可少。

一是建立监管框架与标准，确保大模型在金融领域的应用符合法规与道德要求，通过政产学研的合作制定相关的政策和指南。

二是对于金融大模型的部署与使用，需要协同共治，提升透明度，保证数据质量和可解释性的机制。这可以帮助用户与监管机构理解模型的决策依据，并确保其不带有偏见或歧视性。

三是监管机构还应加强对于金融大模型的审查和风险评估，对于关键人物和系统，应建立审查和测试的机制以确保其安全性。

具体来讲可分为数据安全与版权安全两个方面。

首先是数据安全问题。大模型的复杂性和规模增加了攻击者进行攻击的可能性。同时，大模型的训练过程涉及更多的数据和计算资源，这也给无恶意攻击者提供了更多的机会来入侵和篡改数据模型。目前大模型极易因通过对抗攻击、后门攻击、模型窃取等手段而遭受威胁，需要寻找有效的方法规避风险。大模型在辅助金融场景知识问答的过程中，由于无法对用户身份进行识别，容易产生高等级或机密信息泄露等风险，需要对大模型训练过程中的数据安全等级做严格的界定。

其次是版权安全问题。在金融垂直领域大模型开源的情况下，被恶意窃取并进行微调的现象时有发生，可利用特定的数据进行输入，模型识别到这一特定的输入，就会给出不同于正常类的输出，通过这一行为来判断模型的归属问题。

站在新的历史起点上，在新的历史方位和发展格局中，希望学界与业界共同努力，针对金融科技发展的科学问题，聚焦国家重点关键性、基础性、牵引性战略需求任务，发挥产学研协同优势，攻关金融为实体经济服务的关键技术，为做好中央金融工作会议提到的"五篇大文章"贡献力量。

序二

生成式AI让金融服务更有温度

高峰　中国银行业协会首席信息官

当前，以ChatGPT为代表的人工智能大模型引领新一轮技术发展浪潮，生成式AI大模型热度持续走高，受到业界广泛关注。银行业作为最早应用传统人工智能技术的领域之一，生成式AI大模型的应用对其产业形态具有显著影响力。银行业贯彻落实中央金融工作会议精神，坚定不移走中国特色金融发展之路，扎实推动金融高质量发展，加快建设金融强国，需要把握生成式AI大模型发展机遇，加快AI大模型在业务中的广泛应用，做好"五篇大文章"，为经济社会发展提供高质量服务。在大模型助力下，金融机构将不断提升全业务、全流程、全场景的智能化水平，赋能数字化转型。通过大模型全面提升金融服务质效，推动数据与实体的融合，改变行业发展格局。《生成式AI大模型：赋能金融业变革》的出版恰逢其时，我将围绕"生成式AI让金融服务更有温度"谈几点看法，供读者参考、指正。

大模型将给银行业带来深远影响。一些银行业金融机构坚定地加入了这场浪潮之中，农业银行推出ChatABC，工商银行发布了基于昇腾AI的金融行业通用模型，中国银行、交通银行、邮储银行、招商银行、中信银行、兴业银行、华夏银行、浙商银行、江苏银行等多家银行都在探索大模型应用。一些银行业金融机构已从战略层面开始重视大模型，但受制于算力资源紧缺、算力成本高昂等因素，很多金融机构开始从单纯希望自己建算力、建模型，转变为探索应用层面多方合作。银行业金融机构更关心业界用大模型做了什么，实现了怎样的效果。具体到不同规模的银行，也走出了不同路径。大型银行具有海量金融数据和应用场景，可引入业界领先的基础大模型，自建企业大模型，形成专业领域的任务大模型，快速赋能业务。值得一提的是，针对大模型落地过程中遇到的各种难点，各家银行都在努力探索解决方案。

对大模型应用在银行业落地应持审慎态度。大模型应用需要具备"三个条件"，即技术成熟度、政策支持、应用场景。2022年元宇宙技术也曾众星捧月，但最终并没有在金融业"落地生根"，归根结底还是因为技术与业务没能深度融合，没能实际改善金融业的服务效率。对金融机构来说，合规是第一要务。国家网信办联合国家发展改革委、教育部、科技部、工业和信息化部、公安部、广电总局公布《生成式人工智能服务管理暂行办法》，自2023年8月15日起施行，目的就是促进生成式人工智能健康发展和规范应用，维护国家安全和社会公共利益，保护公民、法人和其他组织的合法权益。没有应用场景，新技术就是"无根之木"。当前，大模型技术并不成熟，而金融行业是一个强监管、高安全的行业。目前金融大模型已经应用在内部职能运营方面，如金融资讯、产品介绍等内容的文本自动生成，提升了内容运营效率；以助手形式、人机协同来提升业务人员工作质效，构建虚拟客服在线交互等，给用户提供更人性化的服务。而像投研、投顾等场景，价值很大，但很难快速产生效果，对数据的要求也高。总体而言，内部员工训练模型目前使用比较广泛，而对外、对客的使用还不是很多。

银行业大模型存在数据安全问题和隐私泄露风险。大模型的训练和应用涉及大量身份信息、金融资产、交易记录、信用历史等个人敏感数据，导致存在合规风险。随着大模型应用场景增多，需要打通的银行各业务部门数据范围越来越广。然而当前各业务部门的数据采集使用标准不统一，数据治理与规范整理过程将成为新挑战。行业亟须制定数据治理操作标准与数据规范整理操作指引，建立数据治理与评估体系，实现全域化数据治理。

此外，生成式AI大模型赋能金融业还存在其他一些问题。大模型对算力要求提升，硬件设施未来亟须完善。大模型的高成本、高能耗与绿色AI发展理念不符，如何平衡大模型训练需求与碳排量至关重要。国产芯片设计和制造方面虽取得了显著进步，但与国际顶级厂商相比，仍存在一定的技术差距。我国大模型涌现，但均从Transformer等基础模型衍生，在底层网络及框架方面的研究布局较少，大模型底层技术、基础架构由国外头部企业掌握，存在"卡脖子"隐患。大模型应用于银行业需克服幻觉问题、基准测试对标难问题等。

大模型和人工智能对元宇宙的兴起提供了很好的机会。元宇宙在2022年就已经比较火爆，2023年大模型又对元宇宙起到了"空中加油"的作用。国内外金融元宇宙的应用重点在虚拟营业厅、数字员工。目前，已有工商银行、建设银行、交通银行等11家客服中心与远程银行实现了虚拟数字人应用落地。在应用场景方面，虚拟数字人广泛应用于对客服务、风险控制、新媒体运营、内部赋能等四大领域，并全面提升远程银行智能化水平与客户体验。大模型将赋能虚拟数字人"智能进化"。AIGC大模型在语义理解和内容生成方面有着卓越表现，虚拟数字人或成为AIGC在远程银行的最佳着陆点。在AIGC大模型的加持下，虚拟数字人将被广泛应用于前台员工辅助、中台运营赋能、后台管理支持等各环节，推动金融场景内容生产加速发展。虚拟数字人助推远程银行转型升级，其作为人机交互新入口，未来将助推远程银行沉浸式交互体验更加拟人、降本增效更加显著、数字化转型质效持续提升。

总而言之，AIGC对金融业的影响主要在于减少人力成本、丰富并优化有温度的金融服务。具体来说，在远程银行、投研、运营、营销、风控、数字员工等方面，AIGC都有一些很好的应用案例。但同时也面临一些挑战，主要包括芯片设计制造、成本控制、数据安全以及法律法规制定等等。应对这些挑战，我从四个方面提出发展建议与举措。第一，监管方面，应形成一套完备的人工智能监管体系，制定针对不同业态的法规，对生成式人工智能进行监管。第二，法律法规方面，应加强数据隐私保护，提高透明度和可解释性；加强伦理和道德约束，制定伦理准则和行业标准。第三，人才方面，应加强产学研结合，通过与企业合作开展实践项目，加强国际合作和人才引进。第四，生态方面，应针对性开放数据并共享数据，支持开放研究合作。

CONTENTS

·目录·

上　篇　大模型考验治理智慧

01 大模型生态建设与合规发展　007
姚　前

下　篇　人工智能还将走多远

11　以数据资产图谱技术构建金融大模型的数据供给生态　157
林常乐

12　人工智能大模型在金融行业的应用展望与建议　169
李振华　刘沛然　徐　润　卢传斌　徐　枞

13　大语言模型在金融知识服务中的挑战与应对　181
庞　斌　孔　夏

14 大模型在银行客户体验管理和客户经营领域的应用实战　193

孙中东　　陈　涛

前　言

杨涛　国家金融与发展实验室副主任

　　当前，我国经济社会发展进入"百年未有之大变局"，既遭遇前所未有的国内外新挑战，也体现出坚韧性和内在潜力。近10年全球经济普遍进入内生增长动力弱化的局面，相比而言，据统计2013年至2021年，我国经济年均增长6.6%，远高于2.6%的同期世界平均增速，对世界经济增长的平均贡献率达38.6%，超过七国集团（G7）国家贡献率的总和。近年来，在数字经济与数据要素的加持下，党中央推动建设"数字中国"，为夯实经济发展基础和激发更多活力提供了重要"抓手"。最近中央金融工作会议强调，"做好科技金融、绿色金融、普惠金融、养老金融、数字金融五篇大文章"，数字化将成为协同促进金融高质量发展的核心要素。

　　虽然在底层重大技术创新方面还有所不足，但我国金融业应用技术创新已呈现百花齐放的局面，大模型正在重新定义金融科技，甚至重塑金融新业态。伴随生成式预训练转换器（Generative Pre-trained Transformer）在全球的快速应用，我国也掀起了人工智能生成内容（AIGC）的创新浪潮，AIGC在金融领域对提升面向客户的服务能力、改善机构工作流程与效率、文本处理和信息技术（IT）支持等方面展现了价值。在人民银行《金融科技发展规划（2022－2025年）》、原银保监会《关于银行业保险业数字化转型的指导意见》（银保监办发

〔2022〕2 号）等引领下，包括 AIGC 在内的新技术将成为推动金融业数字化转型的重要动力。

在此背景下，为帮助广大党员干部深入认识在新形势下如何处理好生成式 AI 大模型与金融的关系，了解金融大模型的发展路径，从而充分运用金融手段，发挥金融潜能，助力经济高质量发展，人民日报出版社组织出版《生成式 AI 大模型：赋能金融业变革》一书，通过集聚学界、监管层专家学者及行业代表的理论与实践思考，结合典型金融机构与企业的应用实践从不同视角探究和解读生成式 AI 大模型赋能金融业变革。

本书首先对生成式 AI 大模型赋能金融业改革所涉及的基本逻辑和相关概念等进行探讨，使读者对大模型生态建设有更加系统的理解和认识。其次，结合具体实践，阐述大模型赋能金融业的应用路径。最后探讨人工智能大模型的未来发展方向。

在上篇"大模型考验治理智慧"部分，中国证监会科技监管司司长姚前，国家金融与发展实验室副主任杨涛，中国社科院科学技术和社会研究中心主任段伟文，中国社会科学院金融研究所金融科技研究室主任尹振涛，北京国家金融科技认证中心资深专家温昱晖、段力畑分别撰文，阐述金融业应用人工智能存在的挑战与风险，对于生成式人工智能跨过"障碍"，实现大模型深度应用升级，促进金融业高质量发展提出治理方案与对策。

在中篇"大模型如何改变金融业"部分，工商银行首席技术官吕仲涛、民生银行数据管理部总经理沈志勇、中国农业再保险有限公司首席投资官俞勇、华夏银行首席信息官吴永飞、易方达基金投顾金科业务主管刘玮分别撰文展开深入探究。这些大模型与金融领域的前沿实践者，围绕诸多成功案例进行了"庖丁解牛"式的分析，并分享了各自基于实践的思想精华，可以更好地帮助读者了解大模型赋能金融业变革的现实意义与解决方案。

在下篇"人工智能还将走多远"部分，交叉信息核心技术研究院（清华大学设立）常务副院长林常乐、蚂蚁集团研究院院长李振华、沃丰科技技术专家庞斌、开放银行论坛研究院发起人孙中东，通过分析洞察场景大模型应用示例，以及阐释大模型的"生产资料"——数据的价值属性，指出AI大模型在金融行业的应用前景。

中央多次强调要推动"科技—产业—金融"良性循环，数字化改变原有经济社会发展模式，金融高质量发展同样离不开数字化的加持。这既是因为数字经济带来了全新的金融需求，使得金融业需要进行适应性变革；也是由于金融业是特殊的信息处理行业，数字化引发信息技术迭代，也对金融功能、要素、市场带来深刻影响。

在金融业这一特殊的垂直行业，迄今为止AI大模型所展现出的价值主要集中在边际改善上。着眼未来，如果金融机构能够与技术企业通力合作，共同致力于解决痛点难点问题，或许能够在大模型金融应用中顺利"闯关"，实现带来更加深远的变革。当然，对于金融业来说，面对AI大模型这样的新技术，既要避免"短期高估"，也要避免"长期低估"。如果"短期高估"，容易导致一哄而上、盲目跟风；如果"长期低估"，一旦产生颠覆效应，就会错失发展机会。因此，本书综合考虑实际情况，内容既包括大模型的治理智慧，又有案例实践，通过找出大模型与金融业内在关联的"痛点"，指出其未来的应用前景与发展方向，这也是本书的创新之处。

相信本书能够给政府部门与监管者、研究者、金融从业者以及对大模型赋能金融业变革感兴趣的读者带来思想与实践的价值体验，也期待本书能够为更好地促进大模型在新形势下落地金融场景打开新思路。

上篇

大模型考验治理智慧

大模型生态建设与
合规发展

数据质量对大模型的训练至关重要。
数据托管机制可以成为大模型训练数据
监管的有力抓手。

01

姚　前

中国证监会科技监管司司长

ChatGPT是美国人工智能研究实验室OpenAI于2022年11月30日推出的一种人工智能技术驱动的应用工具。它能够通过学习人类的知识来进行交流，所以也被称为"聊天机器人"。ChatGPT一问世便在全球引起了巨大轰动，并在人工智能应用领域掀起了一阵新的浪潮，仅两个月其注册用户就突破1亿。ChatGPT既好玩又实用，远超之前的自然语言处理应用，许多人认为这是一个划时代的产品，国际上主流商业公司、学术机构乃至政府部门都开始高度重视和全面拥抱大语言模型（Large Language Model，LLM，下文简称大模型）应用。ChatGPT的主要魅力在于，它利用从互联网上获取的海量训练数据开展深度学习和强化学习，可以给用户带来全新的"人机对话"体验。ChatGPT、GPT-4以及Midjourney等以内容生成为导向的人工智能应用，引发了一轮又一轮的创新浪潮。有人甚至认为，大模型正在以日为单位迭代进化。作为大数据和人工智能的重要应用领域，金融业理应密切关注当前大模型训练相关技术的最新态势。

一、ChatGPT训练数据来源与处理流程

OpenAI虽没有直接公开ChatGPT的相关训练数据来源和细节，但可以从近些年业界公布的其他大模型（如DeepMind发布的2800亿参数大模型Gopher）的训练数据推测出ChatGPT的训练数据来源。笔者整理了2018～2022年从GPT-1到Gopher的大模型的数据集（见表1）。

表1 大模型训练数据来源统计（表中数字单位为GB）

数据来源 大模型	维基百科	书籍	学术期刊	Reddit	Common Crawl	其他	总计
GPT-1		4.6					4.6
GPT-2				40			40
GPT-3	11.4	21	101	50	570		753
The Pile v1	6	118	244	63	227	167	825

续表

Megatron-11B	11.4	4.6		38	107		161
MT-NLG	6.4	118	77	63	983	127	1374
Gopher	12.5	2100	164.4		3450	4823	10550

注：（1）维基百科是一个免费的多语言协作在线百科全书。截至2022年4月，英文版维基百科中有超过640万篇文章，包含超40亿个词，大多为说明性文字，内容严谨，涵盖多个领域。（2）书籍数据集包括 Project Gutenberg 和 Smashwords（Toronto BookCorpus /BookCorpus）等，主要用于训练模型的故事讲述能力和反应能力。（3）学术期刊数据集包括国外著名论文预印版网站 ArXiv 上的预印论文以及美国国家卫生研究院等已刊发的期刊论文，其严谨性和条理性较高。（4）Reddit，即 WebText，它是从社交媒体平台 Reddit 所有链接网络中爬取的数据集，文本风格偏向随意化和非正式化。（5）Common Crawl 是一个爬取了2008年以来网站信息的大型数据集，数据包含原始网页、元数据和文本提取，它的文本来自不同语言、不同领域。（6）其他数据集主要包括开源代码社区 GitHub 等的代码数据集、StackExchange 等对话论坛的内容和视频字幕数据集。

　　总的来看，大模型的训练数据主要来自维基百科（Wikipedia）、书籍（Books）、期刊（Journals）、Reddit社交新闻站点、Common Crawl和其他数据集。

　　数据质量对大模型的训练至关重要。在模型训练之前，通常依赖专业数据团队对数据集进行预处理。这些预处理操作通常包括：（1）去重，即去除重复的文本数据，一般以句子为单位；（2）文本正则化或标准化，如全角字符转半角字符，繁体中文转简体中文等；（3）文本清洗，即剔除超文本标记语言（html）或者表情符号（emoji）等非文本内容，并对标点符号进行过滤和统一；（4）分词，即将句子拆分成单个的词；（5）词的清洗，如去除停用词等；（6）词的正则化或标准化，如统一数字的写法等。经过以上预处理流程，通常可以得到质量相对较高的文本数据，防止数据中的噪声对模型的训练产生不良影响，有助于后续模型的高效训练。

　　除了上述常规操作之外，在一些特定的处理任务中，数据团队有可能还会根据不同目的对模型训练数据进行过滤。比如，若要构建一个金融领域的知识系统，那么最好把大模型训练数据中与金融领域相关的数据筛选出来，这样可以提升模型生成的文本与金融领域的匹配程度，使模型的输出看起来"更专业"。

二、大模型的升级与进化路径分析

从长期视角来看，大模型的进化衍生出众多分支。最近一段时间，大模型迭代速度加快，参与者也越来越多，基本上涵盖了所有的大型科技公司，大模型生态的多样性和复杂性已初步显现。

目前，大模型升级迭代过程中的底层算法框架并没有本质的变化，算力投入以及训练数据的丰富程度仍然是其快速进化的关键，只不过最新的GPT-4呈现出一些新的特征。

一是算法方面更适配具体的下游任务。GPT-3与GPT-3.5都是1750亿参数的大模型。GPT-4没有公布具体参数，据公开资料推测其参数基本保持千亿级别，但在强化学习和解决具体任务方面有显著提升，比较流行的术语是"对齐"（Alignment）。如果说GPT-3系列模型向大家证明了人工智能能够在一个模型里做多个任务，那么GPT-4则在很多任务上已经达到甚至超过人类水平，比如在律师等专业学术考试上，分数能够达到应试者前10%左右的水平。

二是具备更规范的训练数据治理能力且支持多模态。GPT-4拥有"堪比人脑"的多模态能力，跟目前很多论文阐述的多模态机理并无太多差别，但它能够把文本模型的少样本处理能力和思维链（Chain of Thought，CoT）结合进来。GPT-4训练数据的治理与供给，离不开数据标注、数据管理与评估、数据自动化以及数据合成。

三是构建更强大的算力集群，以满足更多的训练数据集和更大的输入参数。例如，微软已经将超过一半的云资源投入到大模型训练与人工智能生成内容（AIGC）应用中。英伟达更是与台积电、荷兰阿斯麦、新思科技强强联手，打造全新的算力平台与更强大的GPU。

三、构建各类模型相互联通的生态

GPT类大模型功能强大，在未来会成为互联网、金融、医疗等许多行业的重要基础设施之一。例如，在金融领域，经过相关专业数据的训练，大模型可以具备理解金融业务知识的能力，并能针对具体场景提出解决方案，支持金融机构开展营销自动化、客户关联关系挖掘、智能风险识别、智能客服、智能投研等。

但在具体应用落地的过程中，GPT类大模型还会面临一系列挑战。一是如何确保训练数据的数量与质量。一般而言，大模型的训练语料为来自多个领域的通用语料，而专业语料的收集通常比较耗时费力，同时也存在隐私问题，由此导致大模型在具体的应用领域可能出现专业性不足的情况。二是如何降低大模型的运行和维护成本。大模型需要巨大的算力支持和严格的数据治理，普通的机构和应用部门往往难以支撑大模型的运行以及迭代升级工作。为此，需要建立一个各类模型健康交互和协同进化的生态，以保证大模型相关人工智能产业可以在各个应用领域成功落地。

从技术角度来分析，大模型的进化依靠人工反馈的强化学习（Reinforcement Learning from Human Feedback，RLHF），其采用的数据标注与过去那种用低成本劳动力完成的简单数据标注工作有所不同，需要非常专业的人士来编写词条，针对相应的问题和指令，给出符合人类逻辑与表达的高质量的答案。但由于人工与机器的交互存在一定的隔阂，比较理想的模式是通过模型之间的交互来进行强化学习，即依靠模型反馈的强化学习（Reinforcement Learning from Model Feedback，RLMF）。基于各类模型的交互，可以将整个大模型的数据和模型生态统一为一个框架。

过去，在分散化的模型研发模式下，单一的人工智能应用场景下多个任务需要由多个模型共同支撑完成，每一个模型建设都要经历算法开发、数据处理、模型训练与调优过程。预训练大模型增强了人工智能的通用性、泛化性，基于大模型通过零样本或小样本精调，就可在多种任务上取得较好效果。大模型"预训练+精调"模式为人工智能研发带来了新的标准化范式，使人工智能模型可以在更统一、更简明的方式下实现规模化生产。围绕技术创新与应用落地，大模型的数据和产业生态可划分为基础设施（包括通用语料及算力平台）、基础大模型、大模型服务（包括合成数据、模型供给及应用插件）。在下游应用中，用户可以部署自己的小模型，通过大模型的各种服务来提升性能，同时也可反向给大模型提供相应的反馈服务，帮助大模型迭代进化（见图1）。

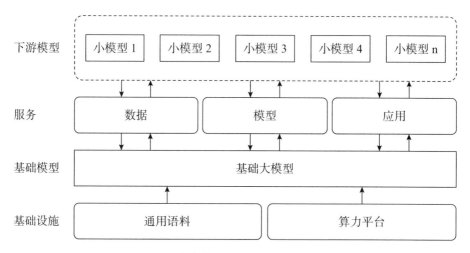

图1　各类模型的数据与模型生态

基础大模型是大模型产业生态的核心引擎，其优势在于基础性和通用性，面向典型任务如自然语言处理、计算机视觉、跨模态任务等需求，进一步结合任务特性，优化模型算法，学习相关数据与知识，使大模型表现出更优异的效果，甚至可以零样本直接应用。

小模型具有体量小（通常在百亿参数级别）、易于训练及维护的特点，因此适合各垂直领域，适合各行业进行内部开发和使用。在通常情况下，小模型训练成本较低，但性能远不及大模型。通过大、小模型交互应用，可以让小模型获得大模型的部分能力或实现部分功能，从而在不增加运维成本的前提下，使小模型的性能得到较大提升，满足具体的应用需求。大、小模型交互的方式可以分为三类：数据交互、模型交互和应用交互（见图2）。

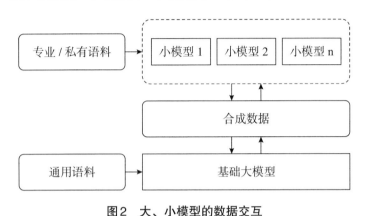

图2　大、小模型的数据交互

（一）数据交互

数据交互是指大、小模型不直接参与彼此的训练或推理过程，而是间接通过彼此产生的数据来进行交互。大模型的训练通常需要大规模的通用语料。通用语料指的是覆盖多个领域的语料，在某些特定领域的知识覆盖可能存在不足。大模型训练完成后，可以通过指令生成一些特定领域的合成语料，再通过本地化部署，连同该领域的专用语料或行业内的私有语料一起训练小模型。小模型训练语料的领域比较集中，因此可以系统掌握本领域的知识，从而使模型的输出更专业、更细致、更精准。大模型在这一过程中的作用是产生大规模的高质量合成语料，使小模型的训练更加充分，防止专用语料或私有语料因规模小而导致模型的过度拟合。反之，小模型生成的专业语料，也可以作为大模型训练语料的补充，增强大模型在不同领域的专业能力，使大模型可以不断迭代进化。

实现大、小模型的数据交互，除了要依靠数据源管理机构外，还需考虑建立数据托管和交易机构，使大、小模型的训练数据可以有序管控和流动，并为各方合理分配相应的权益。

（二）模型交互

除了间接的数据交互之外，大、小模型还可在模型层面进行交互，通过参与彼此的训练过程，使双方可以共同受益，提升大模型的迭代效率。一方面，大模型可以指导小模型的训练，常用的方式为蒸馏学习（Knowledge Distillation）。在蒸馏学习模式中，训练好的大模型可以作为教师模型，待训练的小模型作为学生模型，针对同一批训练数据，通过设计合理的损失函数，利用大模型产生的软标签与训练数据本身的硬标签对小模型的训练进行联合指导。另一方面，小模型也可对大模型进行反向蒸馏，利用小模型做样本价值判断帮助大模型加速收敛——将训练好的小模型在下游数据集上进行进一步微调之后，得到样本价值判断模型。

（三）应用交互

大、小模型在应用层面进行交互的典型方式为插件模式，即将模型构建的应用封装为插件服务供其他模型调用。插件模式具有两大优点：一是便捷高效，模型无须重复训练；二是隔离性好，可以避免模型细节的泄露，从而更好地保护模型训练方和使用方的权益。

一方面，大模型基本采用预训练方式，实时性不高。通过调用小模型应用插件，大模型应用不仅可以提高输出结果的实时性，也可以扩展自身在特定领域的知识缺失。另一方面，小模型构建的应用也可以通过调用ChatGPT类大模型提供的插件，直接获得大模型强大的生成能力和推理能力。这种应用交互方式可以让小模型免去通用知识的训练过程，以较低成本专注于特定领域的内容生产，用户也可以感受到各类模型互联互通后产生的"化学"反应。

开放人工智能（OpenAI）近期发布的新产品ChatGPT plugins可以通过应用插件连接ChatGPT与第三方应用。这些第三方应用，可以由单个领域的小模型构建而成。通过这种方式，小模型可以在ChatGPT类的大模型中完成多种扩展功能，如检索实时资讯或知识库信息、代替用户对现实世界进行"智能调度"等。

四、合成数据将成为大模型训练数据的新来源

当前，大模型的训练严重依赖现有的互联网公开文本数据。如果下一代大模型的参数达到万亿级别以上的话，数据短缺将成为训练瓶颈。对此，合成数据（Synthetic Data）将是一种有效的解决方案。

合成数据是计算机模拟技术或算法创建生成的自标注信息，能够在数学上或统计学上反映原始数据的属性，因此可以作为原始数据的替代品来训练、测试、验证大模型。合成数据可分为三类：（1）表格数据和结构化数据；（2）图像、视频、语音等媒体数据；（3）文本数据。在大模型的训练开发上，合成数据相比原始数据，可以发挥同样甚至更好的作用，实现更廉价、更高效的大模型训练、测试和验证数据供给。ChatGPT类面向终端用户的应用只是大模型落地的开始，而产业互联网领域的应用空间更为广阔，合成数据可以突破ChatGPT类大模型的潜在数据瓶颈，推动科研和产业的进一步发展。

合成数据可以精确地复制原始数据集的统计特征，但又与原始数据不存在任何关联，所以实际应用过程中的效果强于传统的脱敏数据，便于在更大范围内分享和使用。合成数据创造的新样本具有原始数据的性质，甚至可以通过深度学习算法合成原始数据中没有的罕见样本。合成数据的产业价值主要体现在以下几个方面：（1）实现数据增强和数据模拟，解决数据匮乏、数据质量等问题；（2）有效解决数据隐私保护和数据安全问题，这对于金融、医疗等领域尤为重要；（3）确保数据多样性，纠正历史数据中的偏见，消除算法歧视；（4）应对罕见案例，创建现实中难以采集的数据场景，确保大模型输出结果的准确性。

全球IT研究与咨询机构Gartner预测，到2024年用于训练大模型的数据中有60%将是合成数据，到2030年大模型使用的绝大部分数据将由人工智能合成。《麻省理工科技评论》（*MIT Technology Review*）将大模型合成数据列为2022年

十大突破性技术之一，称其有望解决人工智能领域的数据鸿沟问题。可以预见，合成数据作为数据要素市场的新增量，在具备产业价值的同时，也可以解决人工智能和数字经济的数据供给问题。

目前，合成数据应用正迅速向金融、医疗、零售、工业等诸多产业领域拓展。以金融行业为例，金融机构可以在不提供敏感的历史交易信息前提下，通过合成数据集训练量化交易模型提升获利能力，也可以用来训练客服机器人以改善服务体验；在生物医药行业，可以通过合成数据集，在不提供患者隐私信息的条件下训练相关模型完成药物研发工作；在自动驾驶领域，可以通过合成数据集模拟各种驾驶场景，在保障人员和设备安全的条件下提升自动驾驶能力。

五、大模型训练数据的合规风险

从目前的情况看，ChatGPT类大模型输出侧的结果数据在自然科学领域的应用相对可控，但在社会科学领域的应用尚存在诸多不确定性。尤其值得注意的是，大模型过度依赖训练数据，因此在数据输入层面可能会存在恶意操纵的风险，包括有毒输入、偏见、意识形态攻击、舆论操控、虚假信息、隐私泄露等。例如，有研究者指出，如果向大模型GPT-2输入"北京市朝阳区"，GPT-2会自动补充包含这些信息的特定人员的全名、电话号码、电子邮件和实际地址等个人身份信息，因为这些信息已经包含在GPT-2的训练数据中。这无疑会对个人隐私保护产生不利影响。有研究人员称，ChatGPT经常在答案中重复和放大性别歧视和种族偏见，这是因为它的训练文本是从互联网中截取的，而这些文本往往包含种族主义和性别歧视的倾向，基于这种文本的概率分布训练出的大模型会被同样的偏见所"污染"。此外，研究人员还发现，这类大模型在训练过程中还善于编造信息，包括杜撰历史日期和科学规律，而且很容易掩人耳目。以上这些风险都会对大模型最终的输出结果造成不良影响，有可能对社会经济造成巨大冲击，因此需要监管部门对大模型训练数据的来源进行必要的管控，保证大模型的输出结果符合公序良俗和法律法规的要求，进而推动人工智能行业健康有序发展。

特别需要指出的是，大模型输入侧的训练数据来源如果不是互联网公开的文本数据，通常需要数据主体的授权，否则会产生数据隐私保护和数据合规方面的问题。如前述所言，随着可用于训练的互联网公开数据被逐步"耗尽"，发展大模型产业急需增加合成数据的产能，而合成数据和互联网公开文本数据最大的区别是前者存在数据加工处理方。因此，对数据处理方的有效监管和对合成数据的有效治理以及数据权益分配就成为发展大模型产业的重中之重。

六、利用数据托管机制构建大模型训练数据监管体系

通常来说，数据活动相关方主要有六类——数据主体、数据处理者、数据使用者、监管机构、国家政府部门以及国际组织。数据主体产生原始数据；数据处理者采集和控制原始数据，并加工形成数据产品和服务；数据使用者从数据处理者获取数据产品和服务，用于商业目的；监管机构按职责对行业进行监管，比如反洗钱、反垄断等；国家层面对数据进行立法，并对数据跨境流动进行管控；国际组织推动全球范围内的数据标准和规范。这一生态存在的突出问题是，传统的数据处理者过于强势，其利用技术优势和场景优势垄断数据输入和输出，无法保证数据权益分配过程中的公平性，对于监管机构来说也是一个黑盒子。

为了扭转上述困局，可以在数据活动中引入数据托管机构，将数据的存储、使用、管理职责相分离，由专业的数据托管机构承担数据存储的职责，监督数据处理者的数据使用和服务，并收取和分配数据权益。数据权益主要分两块：一块是分配给数据主体的原始数据权益；另一块是分配给数据处理者的增值数据权益。数据托管还可以支持监管机构、国家有权部门开展数据流动监管、执法取证、数字税征收等方面工作。

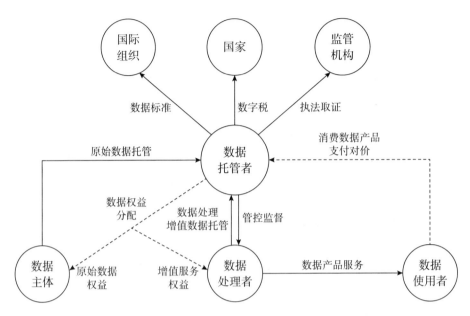

图3　数据托管与权益分配机制

资料来源：姚前：《数据托管促进数据安全与共享》，《中国金融》2023年第2期。

为促进大模型训练数据的合规使用和高质量输出，需要加强对大模型训练数据的源头管控，特别是在国家层面对大模型训练数据进行规范，而数据托管机制恰好可以成为大模型训练数据监管的有力抓手。

可以考虑对大模型训练数据尤其是合成数据建立托管机制。监管机构则通过对训练数据托管方的约束，进一步规范大模型训练数据生产方和使用方的行为。数据托管方可按规定对大模型训练数据来源、数据处理方的处理结果以及数据使用方的数据流向和训练结果进行监测，确保大模型训练数据来源可靠，在数据标准、数据质量、数据安全、隐私保护等方面依法合规，以保障大模型输出结果的高质量并符合监管要求。

七、大模型工具链的标准化和安全管控

大模型的性能依赖于训练数据的质量，同时，模型在不同落地场景下所

需的底层技术规格也不尽相同。因此，构建大模型持续发展、健康交互的良好产业生态，必须推进大模型训练数据与底层技术的标准化，加快模型的迭代与落地。

一方面，大模型自身的训练数据集以及定义的数据服务接口（API），将会成为行业的事实标准，而接入大模型的各种应用都必须遵循该标准。目前，模型"预训练＋微调"已经成为行业统一的标准流程和范式。在此基础上，结合具体的应用场景和专业数据，可以进一步定制和优化各领域各行业的小模型。从某种程度上来说，大模型训练数据和数据服务接口标准，将会成为下一代国际标准的核心之一。

另一方面，处理大模型训练数据的底层技术所需的工具链也必须产品化和标准化。大模型在标准化技术服务的有力支撑下，可输出硬件适配、模型蒸馏和压缩、模型分布式训练和加速、向量数据库、图数据库、模型互联互通等技术方案，提供自然语言处理、计算机视觉、跨模态、知识图谱等各类能力，让更多的企业、开发者可以低门槛地将大模型应用于自身业务并构建行业垂直模型，从而促进人工智能在各领域广泛落地。

值得注意的是，大模型的开发和应用虽然会为产业和经济发展带来巨大红利，但如果不加以合理管控，也会给国家和产业安全带来风险。比如，插件可能被植入有害内容，成为不法分子欺诈和"投毒"的工具，危及社会和产业安全。

八、政策建议

数字经济高质量发展的关键是数据，抓住高质量数据这一"牛鼻子"，就能有效应对以数据为核心的科技创新和产业变革。当前AIGC（AI Generated Content，人工智能自动生成内容）和ChatGPT充分展现了高质量训练数据在产业价值创造中叠加倍增作用，大模型训练数据及其输出结果将会是未来社会和生产中的一种重要的数据资产，其有序流转和合规使用也是发展数字经济的应有之义。通过合理的机制理顺市场中各参与方的数据权益关系和分配格局，加强训练数据的依法合规监管，是促进大模型人工智能产业健康发展的关键。为此，笔者拟提出以下政策建议。

一是构建大小模型共生发展、相互促进的良好生态。总体来看，目前国内外主流大模型在算法层面尚不存在代际差，但是算力和数据方面的差距在逐渐拉大。建议在通用领域大力支持国内头部科技企业研发自主可控的国产大模型；同时以标准为牵引，鼓励各垂直领域在大模型基础上，利用开源工具构建规范可控的自主工具链，既探索"大而强"的大模型，又研发"小而美"的垂直行业模型，从而构建基础大模型和专业小模型交互共生、迭代进化的良好生态。

二是重点发展基于AIGC技术的合成数据产业。以更高效率、更低成本、更高质量为数据要素市场"增量扩容"，助力打造面向人工智能未来发展的数据优势。在强化数据要素优质供给方面，应统筹兼顾自立自强和对外开放。可考虑对Wikipedia、Reddit等特定数据源建立过滤后的境内镜像站点，供国内数据处理者使用。

三是构建大模型训练数据的监管体系。国家相关部门应对大模型训练数据的处理和使用标准进行统一规范，通过制定模型应用规范，统一接口标准，促进行业规范化标准化发展；建立数据托管机制，对数据托管方进行约束，要求数据托管方按照监管机构的规定对数据来源、处理结果以及使用去向等进行监测，从而使模型的输入、输出结果符合监管要求。以大模型训练数据为抓手，标准制定和数据治理双管齐下；同时要完善法律法规，优化政策制度，强化伦理规范，构建相关契约，以多种途径与方式形成有效监督，严防恶意篡改模型和渗入有害数据等行为。

四是探索基于可信机构或基于可信技术的数据托管方式。数据托管机构可以由相关机构组建数据托管行业联盟，以共建共享的方式建设；亦可利用区块链技术，基于联盟链或有管理的公链，完善源端数据治理机制，实现数据的链上托管、确权、交易、流转与权益分配。

　　五是构建大模型训练数据要素市场。以训练数据托管为抓手，厘清训练数据采集处理、合成数据服务、大模型和小模型互联互通、训练数据应用API之间的产业链条。加快数据要素市场建设，为训练数据提供市场化定价，以利权益分配与激励。

生成式AI大模型的金融应用仍需"闯关"

02

杨　涛

金融业数据虽优于多数行业，但仍存在非标准化、碎片化、分割化问题，数据低质量、数据孤岛、数据散乱等现象普遍存在，难以为大模型训练提供充足的数据要素支撑。

国家金融与发展实验室副主任

美国人工智能研究实验室 OpenAI 开发的对话机器人 ChatGPT 引起了国内外各界的广泛关注，并且掀起了一轮人工智能热潮。与此同时，金融业的数字化转型已成为各国的大势所趋，在我国也是监管部门推动的重要改革方向。因此，从 ChatGPT 入手深入分析人工智能在金融领域应用的状况、机遇与挑战，有助于更精准地促进科技助力金融高质量发展。

一、从供给侧看人工智能演变及 ChatGPT 金融应用

从宏观层面看，无论是"十四五"规划的顶层设计和数字经济发展规划，还是金融领域新版的金融科技发展规划和数字化转型指导意见，人工智能都被视为数字经济的核心驱动力、重点产业和数字底座。数字经济的高速发展为人工智能创造了良好的经济和技术环境；同时，人工智能作为关键的新型基础设施，也为拉动我国数字经济发展提供了新动能。综合看，开放共享的基础设施、聚焦落地的工具流程、多元广阔的应用场景，为人工智能蓬勃发展提供了良好的应用环境与市场空间。

从技术发展趋势来看，超大规模预训练模型无疑是当前人工智能技术发展的重点和热点领域，近两年迎来了大爆发和"军备竞赛"。总体来看，大模型表现出多模态、多技术、多能力和多应用的发展趋势，在理想实验室环境和垂直行业的真实环境中均展现了良好的应用效果，未来将形成大小模型与云边协同发展的智能体系。

同时，人工智能也对现有的伦理准则、社会治理带来了巨大的冲击和挑战。因此，如何实现人工智能的有效治理，成为近年来国内外各界的关注焦点。可以看到，国内外人工智能治理取得突破性进展，已从理念层面进入到建章立制、落地实施阶段，发展可信 AI 成为核心内容。

应该说，当前人工智能已成为技术创新最重要的"催化剂"，而与 ChatGPT 相关的自然语言处理（NLP）被认为是人工智能皇冠上的"明珠"。我们看到，人工智能的发展历史，事实上是不断提升模型维度的历史，从人工专家写规则，

到机器写少量规则、机器写大量规则，最后到迁移学习大模型。在此过程中，ChatGPT用文本学习方式来拓展领域，GPT-3即拥有5000亿单词、1750亿参数；另外据报道GPT-4则在120层中总共包含了1.8万亿参数。由此，最终在海量信息的支撑下，人工智能获得了功能的全面提升，但也面临内容可信性、数据安全性、落地成本高的挑战。

伴随ChatGPT在全球的快速应用，我国也掀起了一轮AI创新浪潮。据不完全统计，截至目前国内已发布80多个拥有10亿参数规模以上的大模型，基于大模型的生成式AI成为各方关注的焦点。其中，生成式AI在金融领域的应用，成为金融科技创新的热点领域，金融机构也积极进行布局。

通常看，现有生成式AI大模型的参与者有三类，一是对标ChatGPT基础层，试图打造基础设施类通用大模型；二是侧重中间层来打造行业大模型，与底层通用大模型合作共赢；三是基于通用大模型或行业大模型开发AI工具，落地具体场景应用。

而就金融领域的应用看，生成式AI大模型已经在几个层面逐渐展现其价值。一是在提升面向客户的服务能力方面，可为金融机构员工的专业化营销、渠道维护提供支持；二是在改善机构工作流程与效率方面，可进一步提升业务链条智能化与办公模式自动化；三是在文本处理方面，对金融机构的一般文本、专业合规文件及业务所需的信息，都能够更低成本、高效地提供技术支持；四是对金融机构实现了IT支持，其代码生成功能提升了IT基础工作的效率。

二、从需求侧看ChatGPT的金融应用机遇

随着数字经济和数字社会建设深入推进，大量数据的产生，为人工智能的建模、训练和应用提供了广阔的"土壤"。特别是在金融领域积累了大规模、高质量的数据，同时具有多维度、多元化的应用场景，为人工智能应用蓬勃发展提供了良好的契机。通过人工智能和金融领域客户服务、产品创新、运营管理、风险防控等业务场景深度融合，对金融服务全流程进行模式重塑和智能赋能，

推动金融产品创新、流程再造、渠道融合和服务升级，拓展金融服务的广度和深度，成为金融数字化转型的重要源泉和驱动力量。

归根结底，人工智能的应用价值在于解决金融领域存在的问题，这就要从金融需求角度来进行剖析。具体而言，从金融业的中观和微观层面看，面临的困境一是战略性问题。面对日益复杂的经济金融形势，金融业机构的战略制定变得尤为重要，这不仅是机构"一把手工程"，更需要视野、逻辑、经验的有效结合，也需要及时有效地进行动态优化。人工智能在战略制定中的应用思路，正是感知、推理、决策，天然地有可能与金融机构综合或专项战略制定相结合，并且进行动态随机优化。

二是结构性问题。虽然我国金融业综合实力不断增强，但还有诸多发展不平衡、不充分的结构性矛盾，这也为人工智能的"补短板"提出了要求。例如人工智能应用于财富管理领域，能否优化家庭资产结构、调整金融资产布局，直接影响到金融助力共同富裕的重大目标。

三是生产要素问题。金融机构的可持续发展与数字化转型，都需要考虑要素投入的经济性、规模性、效率性，其中最核心的就是数据和人。一方面，数据已成为重要的生产要素，是国家基础性战略资源。金融业如何改善数据"采、存、算、管、用"全生命周期活动，推动数据要素向数据资产转化，是当前面临的迫切挑战，而人工智能与大数据相结合则会激发更多活力。另一方面，金融科技人才也是稀缺资源，人工智能可以成为提升员工能力的"智慧助手"，也可以通过构建"数字人"来弥补团队能力。

四是组织运营问题。金融业数字化转型离不开组织架构与运营能力的保障，在此过程中可以充分利用人工智能打造自动化、智能化的运营模式，不断优化运营流程，创新运营模式，提升运营服务质量，降低运营成本，从而支撑综合化、智慧化的金融服务。

五是服务能力问题。金融机构的服务能力体现在多元化的产品、充足的市场分析能力、市场营销能力、客户维护与增值服务能力等。尤其是在定制化智能产品设计、客户全息画像服务精准营销、线上线下体验一致性等方面，已经进行了卓有成效的探索。

六是风险管理问题。当前金融业面临的宏观与微观风险更加复杂，如能有效利用人工智能，可以在整合、分析大数据基础上，建立智能风控模型，成为识别风险、监测风险和控制风险的有效途径。一方面构建客户、业务和风险视图，动态全面反映风险全貌；另一方面，优化智能信用风险评估，实现风控向数控、智控的转变。

七是服务效果问题。人工智能在金融业应用是否高效，一是从金融机构自身看，二是从服务实体来看。一方面，近年来在金融业快速发展过程中，信息技术已经极大提升了金融业全要素生产率。人工智能的使用价值体现之一，就是能否进一步提升金融机构运行效率、优化财务指标。另一方面，金融业在助力普惠、绿色发展、科技、共同富裕等方面还有诸多职责，人工智能应用对其功能完善的价值如何，也需要进行考量。

八是合作生态问题。从开放银行到开放金融，合作生态已经成为全球创新的主流，金融机构更需要与商业生态系统共享数据、算法、交易、流程和其他业务功能，为生态系统的客户、员工、第三方开发者、金融科技公司、供应商和其他合作伙伴提供服务，从而打造以"智慧、开放、共享、敏捷、融合"为主要特征的数字金融生态。在人工智能和大数据的加持下，或许有助于进一步改善金融机构外部生态。

客观来看，人工智能在组织运营、服务能力、风险管理方面的应用度更高，受技术和制度因素影响，在解决其他金融需求方面还尚显不足。在具体实践中，虽然金融机构对于生成式AI大模型的长远意义都高度重视，但短期内的实际需求仍具有差异性。具体来看，大型银行的资源与实力较强，通常希望提前进行大模型布局，为AI的长期应用做好算力准备。就中型银行而言，有的试图推动数字中台升级，实现更好的自动化与智能化，强化各信息系统的一体化、集成化水平，提升数字内容管理和运营能力；有的则期望生成式AI给业务带来突破性应用，真正提升机构的创新力与盈利能力。对小型银行来看，由于缺乏足够的资源支撑，则更多的是希望通过与技术企业的合作，来为数字化转型奠定更好的基础设施"底座"。

三、金融业应用人工智能存在的挑战

应该说，ChatGPT的诞生已经引领AI走到新拐点，而根据麦肯锡2022全球AI调研报告，我国AI使用率暂时落后于全球平均水平，迫切需要利用大模型赋能产业。金融业作为经济社会健康运行的"基石"之一，也是特殊的信息处理行业，完全应该抓住机会、创造条件，利用AI来推动自身高质量发展，使得服务更加高效、便捷、有温度。当然，虽然ChatGPT进一步凸显了人工智能的应用能力，但对金融业来说，仍然面临诸多挑战，其短期内仍难以给金融业带来重大颠覆性冲击。

（一）基础性挑战

最为基础的是数据与算力保障的难题。一方面，生成式AI预训练大模型的快速发展，需要高质量、大规模、多样性的数据集，其在金融业的应用更需要丰富的行业数据支撑。目前国内虽然数据资源丰富，但由于数据挖掘、治理、交易等都存在不足，使得中文优质数据集仍然稀缺。金融业的数据基础虽然优于多数行业，但也存在非标准化、碎片化、分割化的问题，数据低质量、数据孤岛、数据散乱等现象普遍存在，难以为大模型训练提供充足的数据要素支撑。由此，金融业拥抱新技术、实现数字化转型的起点，是真正完善数据治理体系、增强数据管理能力、加强数据质量控制、提高数据应用能力，全面推动数据资源、数据要素、数据资产的优化升级。

另一方面，还需要高效的算力保障。当前，我国算力总规模居全球第二，保持30%左右的年增长率，算力产业创新和应用能力也有诸多亮点，但算力质量仍有待提升。尤其是2022年7月美国众议院通过《芯片与科学法案》，又持续对AI领域的关键技术和硬件实施面向我国的出口管制，对于生成式AI大模型的算力"上限"冲击较大。因此，如何提升国内算力的创新能力和适应性，以及改善国际科技贸易环境，都是值得思考的问题。

（二）应用性挑战

除此之外，还需要直面诸多层面的挑战。一是场景的标准化。虽然人工智能的金融应用体现个性化、"千人千面"等特点，但长远来看在金融与技术的融合过程中，真正具有生命力的是标准化、通用型的金融科技创新场景，而非基于传统外包模式的差别化合作，这也是现有人工智能金融应用的制约之一。

二是技术与方案的高成本门槛。人工智能在金融活动中的技术应用与解决方案设置，通常具有较高的部署成本，难以适应广大中小金融机构的需要。据国盛证券的研究估算，GPT-3训练一次的成本约为140万美元，对于一些更大的LLM（大型语言模型），训练成本介于200万美元至1200万美元之间。

三是透明度与不可解释性。所谓可解释性，就是在一项行动认识或决策过程中，需要从中获取充足的、可理解的信息，从而帮助做决策。而在机器学习领域，在输入数据和输出答案之间通常有被称为"黑箱"的不可观察空间。只有发展可解释、可信任的人工智能金融应用，才能实现用户信任、模型可审计性并降低风险。

四是组织内部协调。就金融机构应用人工智能等前沿技术来说，通常难以形成有效的"激励相容"机制，促使内部利益主体达成共识，以最大效率地体现技术创新价值。对此，如何在技术方案自身优化迭代的同时，努力通过规则设计来优化组织协调模式，也是人工智能绕不开的挑战。

五是责任分担。金融机构的产品设计与业务运行具有一定特殊性，也存在各类复杂风险。因此，基于风险可控和金融消费者保护的逻辑，任何金融活动都需要有清晰的责任分担机制。当引入人工智能之后，原有的金融机构业务流程中的权责相称，可能会出现一些新的模糊性，亟待从制度规则、业务实践、技术与业务、模型与人的关系等方面进一步探索。

六是合规性与伦理性。伴随着金融科技的快速发展，各国的监管都在与时俱进，面对动态演变的监管原则与模式，人工智能的金融应用存在更突出的合规压力。同时，算法歧视、大数据杀熟、信息泄露等金融科技伦理挑战，也给人工智能应用带来"阴影"，仍需深入探索如何用"负责任"的科技创新打造"有温度"的金融服务。

（三）政策与监管挑战

一是产业政策保障。网信办已发布《生成式人工智能服务管理办法》，意味着我国进入"生成式AI"立规新阶段。未来既要注意遵循国际共识，对其发展设置风险原则与底线，也要防止政策与规则过于超前反而阻碍技术进步，同时避免对创新责任的泛化、技术路线的低效约束等，真正以政策"护航"来抓住新技术革命机遇。

二是行业监管保障。当大模型在金融领域应用时，或许会引发新的风险特征变化、数据保护、责任分担、合规边界等问题。同样，生成式AI在可信性方面的不足，以及给金融诈骗带来的"魔高一丈"，都给金融应用带来新的挑战。当然，在多国金融监管者都持观望态度时，如果我国能够处理好效率与安全的监管"跷跷板"，将促使生成式AI成为完善金融服务实体的强大助力。

总之，人工智能驱动金融业数字化变革的图景已经展开，但这并非一帆风顺，仍面临众多重大挑战，亟待自我优化与持续"闯关"。

四、着力促进数据要素到数据资产的"升级"

对于金融业来说，数据是最重要的"生产要素"，也是生成式AI大模型应用需要跨越的首要"障碍"。我们认为，推动金融业从传统数据要素治理，到数据资产探索的不断升级，才能为大模型的深度应用奠定坚实基础。

此前财政部已经发布《企业数据资源相关会计处理暂行规定》，自2024年

1月1日起施行。具体看，即企业在编制资产负债表时，应根据重要性原则并结合实际情况，在资产负债表中的"存货、无形资产、开发支出"三个项目下增设"数据资源"子项目，并在报表附注中进行披露。

我们看到，伴随大数据时代的来临，数据要素已经深入经济社会的方方面面，数据要素产业链也变得更加复杂。然而，由于数据本身具有外部性特征，参与数据经济活动的主体众多，数据生产与交易的成本收益难以用传统方法评估，数据资源的公共性私人性边界存在模糊，以及数据自身呈现的异质性等，使数据要素的经济应用始终存在"最后一公里"的难题。

但在实践中，如何更好地发挥数据价值，使其"权责匹配"地进入宏观经济运行与微观主体运作中，已刻不容缓。一是由于政策高度重视，如三部门刚发布的《关于推动商务信用体系建设高质量发展的指导意见》就鼓励金融机构以销售数据等为基础，开发适合中小微商贸流通企业的专项信贷产品，缓解融资难融资贵的问题。二是市场内在需求，如在新冠疫情等冲击下，美国的航空公司试图充分发掘庞大的常旅客数据价值，其中，美联航通过其MileagePlus常旅客项目获得50亿美元抵押贷款，美国航空则以其AAdvantage常旅客项目获得47.5亿美元抵押贷款。

事实上，数据资产化是推动数据要素利用更高效、标准、深入的重要渠道，因为有可能形成共通的数据语言，打破数据产业链的阻碍；形成企业与机构的战略资产，提升各方积极性；加速数据交易进程，在快速流动中体现数据价值；增加改革迫切性，进一步明确数据资产产权问题等。当然，数据资产的具体界定在各国都是探索中的前沿问题。如美国商务部下属的NIST将数据资产定义为任何由数据组成的实体（Any entity that is comprised of data），包括系统、应用程序、数据库、文档、网页，以及基于应用程序的数据服务。

数据资产化最终还是要落到财务界定层面，虽然对此还存在基础性问题与挑战，但也是"数字中国"建设绕不开的选择，其实质一是对数据进行合理价值评估，二是进入财务报表。众所周知，资产强调"拥有或者控制"和"带来经济利益"，数据资产则是由企业拥有或控制，能够为其带来经济利益的数据资源，通俗而言，数据资产化就是数据"变现"的过程，其会计核算则包括数据资产确认、数据资产评估、数据资产计量、数据资产披露。

需要看到，在推动和规范数据资产化过程中，还应正视如下重点环节。

一是会计计量方法的优化。对资产和无形资产的计量，通常有历史成本法、公允价值法、现值法、重置成本法和可变现净值法等，对于数据资产来说，最优的计量方法尚未形成稳定共识。

二是技术与场景的创新。数据之所以成为资产，本质是由于新技术的应用使得用户、用户参与、用户链接等成为可识别、可衡量的资产。对于全球科技巨头的相关研究表明，其推动数据资产化的重点如：为培训算法、数据分析、数据处理等需求，合作发掘用户和使用情况；从不同的货币化机制中获得未来收入，包括用户系统留存信息（苹果）、提供订阅服务（微软）、出售对用户及数据访问权（Facebook、谷歌）等。

三是配套制度规则的完善。数据"入表"只是"万里长征"的第一步，数据资产化还需要数据确权、数据定价、数据流转、税收等诸多配套机制。尤其是真正构建不同参与主体之间的、公平合理的收益分配制度，依据"谁贡献、谁投入、谁受益"的原则，保障数据资产相关方的利益。

四是数据的金融和资本化探索。数据资产要发挥更大的经济价值，需要实现从实物资产到金融资产的跨越，后者则不仅涉及定价问题，而且是基于被认可、可抵押、能产生未来现金流的金融市场"交易共识"。由此，能否被金融市场所接受，是数据资产转换为数据资本，进而带来更广泛价值创造的关键环节。

五是风险与泡沫的防范。数据资产化同样带来更多风险冲击，如源头的数据保护、安全、质量控制风险，中间环节的产业与市场合理竞争与健康运行，应用端的负外部性、合规性与消费者保护等，因此要从宏观和微观层面探索构建数据资产全面风险治理与防控机制，挤出数据资产化"泡沫"。

五、努力提升算力资源与基础设施治理水平

2023年10月8日，工信部等六部门联合印发《算力基础设施高质量发展行动计划》，长远来看，有效推动生成式AI大模型在金融领域的应用，还需要在AI算力方面系统优化战略布局。

首先，由于美国2022年发布的《芯片与科学方案》带来的影响，虽然我国的算力规模增长迅速，但算力质量"上限"受到约束。算力要落到产业层面，还需从基础研发到应用路径的持续优化。以AI为例，据斯坦福大学发布的"2023人工智能指数（AI Index）报告"，我国发表了全球近30%的AI学术论文，但引用率仍不及美国；2022年美国生产了16个重要的AI系统，中国只有3个；美国和中国在AI投资领域的总额分居前两位，但美国是中国的3倍。因此，加快发挥与算力价值相关的基础研究和关键技术创新，仍是核心挑战。

其次，算力资源建设还需加强协同与互联。虽然我国已经大量布局各类数据中心等基础设施，但其有效协同还面临体制机制障碍，许多超算、智算中心的算力利用效率不高。有研究发现，我国的算力调度和使用仍主要基于单一服务商，面对"东数西算"、大模型计算等场景下算力的互联互通还存在诸多挑战。事实上，算力发展只有从"粗放式"转化为"精细化"，实现架构互通、高速互联，才能提升算力综合利用水平。因此，需要进一步统筹优化算力布局，加强区域互补、协同联动发展。

再次，实现算力的绿色、低碳发展也是重要着眼点。对此，在各类算力基础设施的建设与发展过程中，需处理好四方面关系。第一，性能效率。在面向多方面的需求时，如何最大程度、最安全、最高效地发挥算力服务效率。第二，能耗管理。算力重点服务的产业数字化转型，本质上是高能耗的经济模式，各类数据中心在内的算力设施，也面临不同类型能耗的有效管理难题，所以要提高综合能效比，使单位能耗获得更多的收益。第三，环境影响。要综合考量算力设施在碳排放、能源、可持续等方面的环境影响，可能需要更专业、更系统

的评估。第四，经济价值。在算力设施建设中，还需权衡碳排放等绿色目标与经济贡献度之间的关系，实现绿色发展和经济价值的有效权衡。

最后，算力应与广义"新基建"有效融合，一是传统基础设施的数字化改造。大数据加新技术在经济基础设施建设方面大有可为。据测算，交通网络的智能化改造可以让通行效率提升15%~30%。二是新型基础设施的优化配置。包括以技术创新为驱动，以信息网络为基础，提供数字转型、智能升级、融合创新等方面基础性、公共性服务的物质工程设施。算力设施既是"新基建"的核心，也是其他基础设施的引领。三是"元宇宙"环境下的新布局。当前热议的元宇宙确实存在诸多泡沫与炒作，但也意味着当数字化虚拟空间逐渐容纳更多的人类活动时，相应的基础设施建设则变得更加重要，且与现有基础设施发展既有联系，又有差异。

应该说，当数字化智能化逐渐来临，算力将成为大国竞争的核心"能源"，只有使其从"原油"升级为"石油产品"，才能助推生成式AI大模型成为经济金融高质量发展的全新驱动力。

走向负责任和可问责的金融大模型伦理治理

03

如何确保在日益强大的人工智能系统整个生命周期内对其进行问责?

如何通过技术和体制方面的设计确保人工智能系统可审计和可追溯?

段伟文

中国社科院科学技术和社会研究中心主任、研究员近年来，数据驱动的人工智能及其社会应用取得迅猛发展，呈现出诸多具有颠覆性社会影响的创新前景，迫使人们不得不系统研究如何认识其可能带来的社会、伦理乃至安全风险，进而采取合理的应对之策。特别是继深度合成技术之后，基于大规模预训练语言模型的生成式与对话式人工智能涌现出强大能力，使其在包括金融领域在内的诸多商业领域拥有巨大的应用前景，但其在社会、伦理和法律等方面的风险也不容小觑。而从风险的动态感知和敏捷治理的角度来看，实现大模型有序创新和向善发展的关键在于系统认识其潜在社会伦理风险，并使伦理治理等规制伴随其全生命周期。

毋庸置疑，生成式人工智能的巨大变革力量将对社会和经济发展产生深远影响。国际货币基金组织最近发布的《金融中的生成式人工智能：风险考量》（2023）中指出：人工智能在塑造经济和金融部门发展方面发挥着越来越重要的作用，并被视为通过提高效率、改进决策流程以及创造新产品和产业来提高生产力和经济增长的引擎；与此同时，人工智能还通过重塑金融中介、风险管理、合规性和审慎监管的性质，迅速改变金融业格局。随着基于大模型的生成式人工智能在金融领域的广泛部署，行业和监管部门必须充分认识这些部署可能导致和加剧的风险，探寻通过伦理治理等规则措施有效地加以审慎应对。

一、走向通用人工智能的大模型与生成空间的形成

从工程技术上讲，近期兴起的基于大模型的生成式人工智能开启了对类人类智能的探索，其最具革命性的突破在于初步展现出通用人工智能的特征。一般而言，认知科学意义上的通用人工智能是指机器人和智能软件及算法具备像人一样可以普遍泛化的智能，它们能够作为独立的智能体进行学习、认识和决策，甚至具有独立的自我意识。虽然当前兴起的ChatGPT、文心一言等大语言模型还不是认知科学意义上的通用人工智能，但由于它们的智能已经可以在一定程度上实现泛化，这也就意味着通用人工智能不再是一个理论概念，而是走在工程技术实现的路上，因此在研发活动和产业政策层面已将生成式人工智能

归类为通用人工智能。

大模型与生成式人工智能

大模型横空出世之后，人们就其所带来的突破性创新形成了一些基本共识。首先，大模型产生出的类似人类的连贯和流畅的语言内容表明，它已突破了连贯和流畅的人机交互的临界点。大模型不仅可以针对任意话题与用户进行高质量的对话，而且能准确地按照用户意图实现分类、问答、摘要和创作等若干应用场景的自然语言理解与生成任务，进而在流畅的人机对话指引下完成各种工作。

其次，大模型获得成功的关键是通过"模仿学习+强化学习"等新的学习模式，包括预训练和人工标注等工程方法，在工程上对齐了人机目标。通过系统地实施人机价值对齐工程，大模型能够对生成内容中存在的价值观念冲突进行较为有效的调节和矫正，从而对由此带来的风险加以控制。人机对齐工程固然建立在一些数学和算法理论之上，但它在本质上是一种工程，其地位和重要性就像航天工程和建筑工程中的可靠性工程和质量工程。人机对齐工程对于大模型创新政策的重要启示在于，大模型生成内容在价值观念上的偏差原则上是可控的，但考虑到价值的模糊性和过度的价值对齐对成本和效率的影响，也应该看到阈值的设置应该具有一定的包容性。

最后，在有关生成式人工智能的相关讨论中，主张暂停大模型研究的人工智能研究者的基本理由是大模型相当于人工智能的"奥本海默时刻"，强调大模型所开启的通用人工智能可能会带来威胁人类生存这一长期风险。但反对这一说法的人工智能研究者认为，目前的人工智能并不会带来这种长期风险或生存风险，真正值得关注的是大模型等人工智能创新应用所导致或加剧的偏见、歧视、虚假信息、幻觉以及过度的能源与资源消耗等现实风险。尽管人们对大模型的风险认知存在分歧，但基本的共识是，这一强大的人工智能应用将非常广泛，应该密切关注其导致的包括伦理风险在内的多重风险，并对由此带来的相关社会、伦理、法律问题加以规制和治理。

值得指出的是，当前建立在大模型基础上的生成式人工智能并不是一种独立存在的智能体，而是一个由人类和机器智能构成的巨型智能生态系统，实质上这个生态系统的运转是通过工程和系统方法在人类智能和机器智能的复杂组合之上实现的。因此，生成式人工智能不能简单地理解为文字、图像、音视频内容的自动化生产工具，其所开启的通用人工智能将成为未来社会的基础设施——一方面它是建立在全数据基础大模型之上的知识生产的引擎；另一方面它正在从根本上改变人类文明的操作系统。

从现实空间、数据空间到生成空间

为了深化对基于大模型的生成式人工智能的实质的认知，应该进一步看到，生成式人工智能是计算智能和数字思维发展的新阶段，其所带来的突破性在于其在现实空间（物理空间与社会空间）、数据空间的基础上形成了全新的生成空间。

以往我们生活在现实空间中，计算机和互联网普及应用之后，逐渐完成了对现实世界的数据化，由此开启了一个新的空间——数据空间。而数据空间可以看作现实空间的镜像，如消费者的数字画像。现实空间的数据化所获得的数据可以分为不同类型：（1）特征数据，如人脸、基因组等生物特征数据；（2）位置数据，反映现实空间中人和事物的坐标参数；（3）行为数据，如人们的搜索点击数据则反映的是人们的行为倾向；（4）内容数据，如语言、图像和音视频等体现了有意义的信息内容。而且数据的内涵会随着技术的演进被重新定义，将来随着情感计算等技术的发展，人脸和步态等生物特征数据还会进一步转化为情感数据。不难看到，人工智能的伦理问题在很大程度上与这些数据的使用相关。

近年来，随着深度合成和生成式人工智能的发展，内容数据的合成和语言的合成逐渐达到了连贯、流畅与合理甚至以假乱真的程度，合成的文字、图像和音频视频内容呈现出海量趋势，这就在数据空间的基础上形成了由自动合成内容构成的生成空间。显然，生成空间来自现实空间和数据空间，认识到这一点，就能认识到网络信息、文献和各种数据的数量和质量等对生成式人工智能发展的要求是基础性的，就能理解现实空间的歧视偏见、数据空间的数据毒性可能导致生成空间对相关问题的放大与强化。反过来，生成空间中的错误内容——从虚假信息、看似有理但违背事实的陈述、随意编造的文献来源到以肯定的方式表达的幻觉——存在对数据空间和现实空间的反向侵蚀以及进一步导致的生成空间内容退化的可能性。

二、生成式人工智能的长期风险和现实的社会伦理风险

这一波基于大模型的生成式人工智能发展中呈现的一个显著特征是，从研发者到普通用户都意识到了其研究开发和应用部署所导致的潜在风险和现实风险。有的人尤其关注生成式人工智能在安全和伦理上可能危及人类生存的长期风险或生存风险，另一些人则将其正在引发的社会伦理风险作为优先关切的事项。不论持哪种立场，人们普遍认为生成式人工智能的研发应该采取审慎发展和负责任创新的态度。

生成式人工智能的长期风险

最近，作为研发者代表的Open AI将其首要核心价值设定为"我们致力于建立安全、有益的通用人工智能（AGI），这将对人类的未来产生巨大的积极影响"，并强调"任何对此没有帮助的事情都超出了我们关注的范围"。Open AI的人工智能安全和价值方面的基本理念是通过多次的优化和迭代实现安全和有益人类的通用人工智能，力图避免强大但风险不为人类所能控制的通用人工智能在人们没有意识到的情况下突然降临。而提出暂停研究的学者的主要理由是，在伦理和安全跟不上人工智能大模型的加速创新时，应该对相关研究采取更加审慎的态度，甚至有必要暂停或暂缓相关研究。问题是这一呼吁显然不能改变各国尤其是中美在该领域展开的激烈竞争，而且它与Open AI的理念主要基于

长期风险和生存风险的视角，不论该视角是否恰当，对于目前大多数以应用为目标的大模型创新来说并非优先事项。

尽管如此，科技界和产业界在应对人工智能的长期风险和生存风险方面还是形成了一些基本共识，如强调大模型和生成式人工智能的研发应该更加公开、透明，不能隐藏地研究、应用和部署。而为了共同应对人工智能可能导致的长期风险，在国际科技界和产业界进一步推动开源创新势在必行。为此，一方面，应构建合作研究和开源创新平台，科学家以个人身份共同参与开发，共同研究生成式AI的形成机制和导致伦理安全问题的技术原因；另一方面，应通过合作研究和开源创新，发展一系列测试工具，对其安全性和伦理问题进行量化测试。然而，鉴于美欧的科技脱钩和去风险等政策的推行，使得生成式和通用人工智能的竞争不再是单纯的科技竞争，同时也为中国参与包括应对长期风险在内的国际人工智能伦理安全治理带来了困难。

生成式人工智能的社会伦理风险

当前，大模型呈现出泛在应用的趋势，人们更关心的是基于大模型的大量生成式人工智能应用所导致的社会伦理风险。

首先，生成式人工智能可能导致知识生产方式的根本性变革，将对传统的知识产权带来颠覆性影响。目前，人工智能在艺术创作领域的应用受到了大量的侵权指控，但作为一种内容生成技术，不能没有数据作为原料，而其所生成的内容与生产原料存在区别，因此，是否侵权较难界定，并且会随着技术的发展越来越难以界定。这使按照现有法律应该得到知识产权保护的人类创作内容的保护变得越来越困难，同时对于人工智能生成内容的版权是否应该得到保护也成为一个新问题。鉴于生成式人工智能是一种全新的内容和知识生产方式，其模型训练必须大量使用现有内容，而目前法律上对内容侵权的界定是在这种技术出现之前提出的，如果要发展生成式人工智能并对其实现有效监管，须重新界定其内容使用边界。

其次，生成式人工智能将对工作方式和就业产生根本性冲击。生成式人工智能与人类高度类似的对话能力表明，它将使人机交互的便捷程度大大提升，各行各业现有的工作流程都可能因此得到简化。值得指出的是，大模型生成语言和知识的能力迫使人们将其拥有的类似知识和能力当作"水分"挤了出来，这必然带来对现有工作内容的改变和工作岗位的挤压。特别值得关注的是这次被取代的可能是受教育程度比较高的专业技术人员，如文秘、咨询、翻译、文创、设计甚至医疗和教育等领域的人员可能面临失业。这实际上会导致大量专业技术人员教育投入的加速折旧，加大并形成新的数字鸿沟，造成规模更大和更复杂的社会问题。

再次，在社会认知层面，人们有可能因为过度依赖生成式人工智能而将其视为知识权威、道德权威乃至精神权威，产生出人工智能无所不知、无所不能的认知幻象。随着生成式人工智能进一步发展，其很可能成为普通人日常生活中的人工智能助手，帮助解答知识、辨别是非乃至区分善恶。鉴于人工智能并不真正理解其所生成的知识内容以及判断是非善恶，而且会产生错误或随意堆砌和编造的内容，故对人工智能的过度依赖难免放大其生成的不准确内容和知识上的错误，甚至对社会认知产生结构性的负面影响。在金融理财的相关应用中，基于大模型的人工智能顾问可能会出现这方面的问题。另外，生成式人工智能存在过度拟人化趋势，随着人机对话的场景应用日益普遍，在商业服务等应用场景中可能会出现滥用的风险，如利用客户的情感偏好设计误导性的人机对话等。

最后，对基于大模型的生成式人工智能的伦理风险的基本认识是，生成式人工智能的广泛运用会强化目前已经显现的各种社会伦理问题。一是偏见和歧视。如果用于开发人工智能算法和模型的训练数据有偏见，算法和模型也会有偏见，从而导致生成式人工智能的回应和建议出现歧视性的结果。二是信息误导。人工智能语言模型所生成的对话可能会向用户提供不准确或误导性的回应，进而导致错误信息的传播。三是信息滥用。人工智能大模型及其预训练需要收集和处理大量的用户数据，其中必然涉及技术和商业保密数据以及国家安全数据，隐私数据和敏感个人信息可能会被滥用。四是虚假内容及恶意使用。尽管生成式人工智能目前还没有实现大规模商业化社会应用，但从信息网络媒体、虚拟现实和深度合成等技术的发展经验不难看到，生成式人工智能可能被用于制造不易识别的虚假内容，甚至被恶意使用，从而影响、干预和操纵社会舆论和政治过程。五是对个人自主性的干预。如生成式人工智能在商业上可能被用来影响或操纵用户的行为和决策。

三、生成式人工智能在金融领域的应用及其主要风险

金融领域大模型应用创新与伦理治理之所以备受关注，关键在于人工智能在金融领域的应用是金融行业数字化转型大潮推动下的必然趋势。众所周知，金融领域无疑是最具竞争压力、最需要风险管控和复合监管要求的行业。在这些压力和要求的驱使下，提高效率、节省成本、重塑客户界面、提高预测准确性以及改善风险管理和合规性成为金融领域自我变革的方向。

生成式人工智能在金融领域的创新应用

当前，拥抱数字技术、实现数字化转型成为金融领域推动创新和保持竞争优势的首要战略选择，生成式人工智能因而在该领域得到迅速采用。根据相关报道和研究报告，摩根大通、高盛等知名企业已开启生成式人工智能在金融中的应用，相关用例包括构建自动化文档处理功能、虚拟聊天机器人助理、欺诈检测和预防、后台流程自动化、内部软件开发和信息分析等。

从拥抱生成式人工智能的潜力以推动创新并获得竞争优势的目的来看，金融领域出现了一些值得关注的功能强大的创新应用：

（1）优化客户体验和定制个性化推荐。生成式人工智能不仅可以通过自动化日常交互和提供个性化建议，而且具有类似人类表达能力的聊天机器人可以快速高效地响应与客户的互动，实时回应查询。人工智能算法还可以分析客户数据，包括交易历史和浏览行为，为金融产品和服务生成量身定制的推荐，从

而促进客户参与度和忠诚度。

（2）金融欺诈检测和预防。生成式人工智能可以通过分析大量交易数据并发现欺诈活动的模式来检测欺诈，金融机构可以运用这些根据历史数据训练的人工智能模型开发出高度复杂的欺诈检测系统，以此实现对金融欺诈的实时监控、异常检测、提前预警和主动打击。据报道，Capital One 和 JMPC 利用生成式人工智能增强欺诈和可疑活动检测系统，显著减少了误报、提高了检测率、降低了成本并提高了客户满意度。

（3）风险评估和信用评分。生成式人工智能算法可以通过分析包含财务记录、信用记录和其他相关信息的广泛数据集来生成预测模型，使贷方更准确地了解借款人的信用度，从而就贷款审批做出更明智的决策，使贷款策略得以优化，降低违约的可能性。

（4）交易和投资策略。通过基于市场历史数据训练生成模型并整合实时市场信息，人工智能算法可以生成个性化的投资建议、优化投资组合策略，乃至预测市场趋势。值得注意的是，一方面，生成式人工智能具有强大的洞察力，可识别人类观察者可能忽视的有价值的见解；另一方面也要看到人类的专业知识和判断力在投资过程中仍然至关重要。因此，生成式人工智能洞察与人类决策的集成将可能创建一种结合人工智能算法和人类直觉优势的协同方法。

（5）借助自然语言处理提升合规效率。金融科技等行业受到严格监管，在确保客户数据隐私、防止洗钱、反欺诈等方面有严格的合规要求，面对日益强化的监管要求，可以将生成式人工智能与自然语言处理（NLP）相结合，通过自动分析法律和监管文件来简化合规流程。在此过程中，生成式人工智能可以更高效地识别相关信息，提取关键见解并标记潜在的合规风险，以此减少工作失误、确保合规性。[①]

---

① Ghiath Shabsigh and El Bachir Boukherouaa. Generative Artificial Intelligence in Finance : Risk Considerations. International Monetary Fund.2023.

金融领域生成式人工智能应用的主要风险

近年来，人工智能在金融领域特别是金融科技领域的应用，引发了诸多对大数据分析和深度学习等相伴随的固有风险的普遍担忧，当前生成式人工智能在金融领域的应用及其部署前景则进一步加剧了人们对相关的风险关切。其中备受关注的风险包括数据隐私、算法与模型中嵌入的偏见和歧视，机器学习过程的不透明和不可解释、系统稳健性、网络安全以及对金融稳定的影响等。

在数据隐私方面，机器学习等人工智能在金融领域的应用引发了一些伦理和法律难题，主要问题包括训练数据集中的数据泄露、通过推理披露匿名数据的可能性、在使用和丢弃数据后对训练数据集中个人信息的记忆、输出结果直接或通过推理导致敏感信息泄露等。导致这些问题的底层原因是人工智能的应用不能不使用个人数据，而使用个人数据就存在影响个人隐私和数据泄露的可能。因此，对这些问题的应对与缓解，就成为数据驱动的人工智能应用中伦理、法律和监管等治理和规制的主要关切点和改进方向。随着大模型和生成式人工智能越来越多地嵌入金融业务，数据隐私方面的挑战变得更加严峻。一方面，为了获得足够的欺诈检测、信用评估等方面的能力，大模型需要从互联网和社交媒体等平台抓取信息，必然涉及个人信息的收集使用以及知情同意等存在争议的问题。另一方面，生成式人工智能系统需要不断通过用户的输入对其大模型进行训练和微调，可能存在敏感财务数据与个人信息泄露的风险。

在偏见嵌入方面，人工智能应用可能会因为训练数据的不完整和缺乏代表性、算法设计受到人类偏见的影响等导致对某些个人或群体不公正的偏见和歧视，如金融决策可能会因为人工智能系统嵌入的偏见而导致金融排斥。大模型和生成式人工智能可能会使这一问题加剧。其中值得关注的问题包括：（1）偏见矫正更加困难。大模型在接受大量的在线文本和其他内容数据训练时，难免受到其中嵌入的人类偏见等"数据毒性"的影响，而且鉴于数据的广泛性和多样性，通过数据选择等方法减少偏见变得更加困难。（2）新内容的产生可能强化人类偏见。在人类提示下产生的新内容可能带有提示者的偏见，而这些新内容本身会成为后续的生成内容的数据原料，有可能使得嵌入其中的偏见进一步固化。（3）对生成内容的过度依赖导致其生成内容产生误导。必须强调的是，人工智能目前并没有意识和人格，大模型不能像人那样理解其生成内容的意义和价值取向，人工智能生成内容需要人类强化判断，以尽可能减少不准确、歧视性和错误的内容。

类似地，在可解释性、稳健性、网络安全和金融稳定等方面大模型和生成式人工智能也加剧了人工智能金融应用的相关风险。其中具有共性的重要问题包括生成内容的"幻觉"、数据中毒和投毒以及合成数据的使用。生成内容出现"幻觉"是与大模型生成新内容的能力相伴随的一种输出风险，在用于金融服务对话的场景中更加严重，在金融安全和消费者保护方面的风险更大，可能极大地影响金融业务的稳健性。这就要求企业级大模型的开发应通过更有针对性、质量更好和更透明的训练数据集，最大限度地抑制这一现象。数据中毒是指在训练数据中出现一些特定输入，其可能对大模型的构建产生破坏性的影响，数据投毒是利用这一缺陷破坏大模型训练的准确性等恶意行为。合成数据是通过算法创建的、可模拟真实数据的统计分布的人工数据。合成数据可用于测试模型的稳健性，用合成数据替代真实数据有助于减轻数据隐私和数据安全方面的挑战，用它模拟消费者的行为模式可以获得更具可行性的见解。合成数据还可以生成更多样化的可能的数据集，更好地捕捉现实世界事件的复杂性，从而减少真实数据集合的代表性不平衡和偏见等问题，因而有助于构建能力更强、更具可解释性和满足监管要求的大模型。但同时，对合成数据的过度使用也会导致数据退化等问题。

四、负责任和可问责的金融大模型伦理治理初探

近来，面对人工智能大模型的巨大机遇和风险，大模型的伦理和法律风险及其治理成为全球关注的话题。如上文所述，由于大模型一方面涌现出类似人类的强大智能，另一方面又存在数据来源难追溯、易产生难以分辨的虚假信息和知识幻觉、知识产权难界定、模型难审计以及对技能和就业的巨大冲击等新问题，对建立在其上的生成式人工智能的伦理治理和法律规制带来了全新的挑战。

当前大模型部署应用的伦理治理的焦点问题主要在于：一是如何展开负责任和可问责的人工智能审计，这不仅涉及大模型如何做出决策，还包括其构建和使用方式，有研究提出了治理审计、模型审计和应用审计的三级审计框架。二是如何透明地向消费者传达人工智能的伦理标准，告诉消费者风险在何处。这意味着政府和行业主管部门需要为大模型的构建方式以及如何向消费者和员工明确这些更清晰、更广泛的标准。三是政府和企业人力资源部门不能不迅速地感知和应对人工智能对技能和就业带来的冲击，人力资源部门要快速感知这一冲击，从战略上应对这一前所未有的压力，为员工提供提升技能的机会，并围绕预测所需新技能和重新配置的劳动力计划调整策略。

由于生成式人工智能功能强大，并且已经呈现出走向通用人工智能的可能，这就使得通过伦理治理和法律规制发展负责和可问责的人工智能显得更加迫切。由于大模型和生成式人工智能技术的发展日新月异，鉴于法律规制的相对滞后性以及其主要功能在于对结果的监管，再考虑到对伦理风险的识别有助于尽早感知法律风险，从全生命周期治理和过程管理的角度来讲，对大模型的伦理治理无疑更有利于对大模型潜在伦理和法律风险的整体治理。因此，一方面，应将大模型的伦理治理作为包括法律规制在内的大模型治理的基础性工作，对数据隐私和安全、偏见和公平、可解释性和透明度、可靠性和稳健性、模型风险评估和管理、人类监督和把关等基本的伦理关切提出必要的要求。另一方面，为了保持大模型治理的整体性，伦理治理与法律规制等应该遵循相同的治理原则，法律规制也应该与相关的伦理原则相互协同。

确立金融领域大模型伦理治理的基本理念

为了更好地开展大模型的伦理治理，首先必须确立伦理原则和治理原则等基本理念。在具体的大模型研究应用中，相关的研发者、部署者和管理者可以对其所进行的研究与应用制定出有针对性和简洁可行的伦理原则、治理原则。这些伦理原则的制定不应是闭门造车，其实质是对目前已经发布的各个层级的规范中的伦理原则和治理原则的具体落实。目前，这些规范大致包括以下三个层级。

一是科技伦理原则和科技伦理治理原则。在两办印发的《关于加强科技伦理治理的意见》中，明确提出了增进人类福祉、尊重生命权利、坚持公平公正、合理控制风险、保持公开透明等科技伦理原则，同时提出了伦理先行、依法依规、敏捷治理、立足国情、开放合作等治理要求。

二是人工智能伦理规范和治理原则。国家新一代人工智能治理专业委员会发布的《新一代人工智能治理原则——发展负责任的人工智能》（2019）明确提出了和谐友好、公平公正、包容共享、尊重隐私、安全可控、共担责任、开放协作、敏捷治理等八项原则；其所发布的《新一代人工智能伦理规范》（2021）明确了增进人类福祉、促进公平公正、保护隐私安全、确保可控可信、强化责任担当、提升伦理素养等六项基本伦理要求。此外，我国参与制定的联合国教科文组织《人工智能伦理问题建议书》（2021）提出了相称性和不损害、安全和安保、公平和非歧视、可持续、隐私和数据保护、人类的监督和决定、透明度和可解释性、责任和问责、认识和素养、多利益攸关方与适应性治理和协作等原则。①

三是金融领域和生成式人工智能相关的伦理指引和管理规定。其中，中国人民银行发布的《金融领域科技伦理指引》（2022）提出，在金融领域开展科技

---

① 联合国教科文组织：《人工智能伦理问题建议书草案文本》，https：//unesdoc.unesco.org/ark：/48223/pf0000380455_chi.

活动需要遵循守正创新、数据安全、包容普惠、公开透明、公平竞争、风险防控、绿色低碳等七个方面的价值理念和行为规范。网信办发布的《生成式人工智能服务管理暂行办法》（2023）提出，"国家坚持发展和安全并重、促进创新和依法治理相结合的原则，采取有效措施鼓励生成式人工智能创新发展，对生成式人工智能服务实行包容审慎和分类分级监管"，从中可见我国对生成式人工智能的监管和治理的基本原则。

确立金融领域大模型伦理治理的基本理念的第一步就是全面了解这些原则，认真理解和思考它们背后的价值观和优先考量，并由此展开价值观反思和优先事项讨论，进而明确大模型的研发和应用中应遵循的价值观和优先考量。然后，在理解和讨论的基础上，对这些原则进行归纳，并列出其所针对的问题；在此基础上探寻这些原则的基本内涵，反思其现实有效性和可能的含混之处，探讨不同的规范中相同或相近的原则之间的互操作性。最后，根据需要解决的问题和可能面对的问题等具体需求，拟定出内涵相对明晰、互操作性强、既全面系统又重点突出的伦理原则和治理原则。而确立大模型治理的基本理念的过程无疑有助于研发和创新应用者将价值观等理念纳入其心智模式和行为指南。

探索金融领域大模型伦理治理的工作思路

金融领域大模型的伦理治理要进一步明确我国科技伦理和人工智能伦理治理的指导思想，并据此确立主要的工作思路。

正如科技部等十部门近期印发的《科技伦理审查办法（试行）》所强调的，我国开展科技伦理治理的宗旨是"强化科技伦理风险防控，促进负责任创新"。而《新一代人工智能治理原则——发展负责任的人工智能》这一文件的标题再次体现了我国开展科技伦理治理与人工智能伦理治理的指导思想是坚持促进创新与防范风险相统一，推动负责任的研究和创新。而要使这一宗旨得到贯彻，关键在于以下三个方面的认知。

其一，对大模型和生成式人工智能兼具高度创新性和不确定性风险的技术的伦理治理和法律规制本身是一种综合性的协同创新，其目的是使其充分发挥出技术创新潜力的同时又为社会所接受和信任。而欧盟等最早推动负责任创新的初衷就是保持公众对新兴科技和颠覆性科技的信任。

其二，伦理治理和法律规制所面对的综合性的协同创新实际上是非常复杂和困难的系统工程，需要多方协同共治。从系统和整体创新的角度来讲，研发创新主体和规制监管主体之间的协同尤为重要。一方面，研发创新主体要开展负责任的创新，认真预见与实时发现各种不能忽视的风险，积极采取应对措施；另一方面，规制监管主体要充分了解生成式人工智能给社会与生产生活带来的颠覆性变化，把握其中技术逻辑的变迁，寻求对促进创新发展更具弹性和更为有效的治理。在研制固体火箭的过程中，巨浪导弹总设计师黄纬禄曾提出"四个共同"的工作思路，即"有问题共同商量、有困难共同克服、有余量共同掌握、有风险共同承担"。这一工作思路对金融领域大模型的伦理治理和法律规制不无启发。

其三，金融领域大模型的伦理治理应基于相称性原则，根据其产生的具体风险确定治理力度。最近发布的《生成式人工智能服务管理暂行办法》提出，"对生成式人工智能服务实行包容审慎和分类分级监管"，强调主管部门将"针对生成式人工智能技术特点及其在有关行业和领域的服务应用，完善与创新发展相适应的科学监管方式，制定相应的分类分级监管规则或者指引"。这一规定无疑体现了促进负责任的创新与敏捷治理的治理原则相结合的精神。对此，有法律学者指出，生成式人工智能的治理应改变我国原有的"技术支持者—服务提供者—内容生产者"的监管体系，实施"基础模型—专业模型—服务应用"的分层规制，并针对不同的层次适配不同的规制思路与工具。具体而言，基础模型层应以发展为导向；专业模型层的治理以审慎包容为理念，关注重点领域与场景的分级分类，设置合理的法律责任水平；服务应用层的治理应沿用原有的治理理念与监管工具，保证我国人工智能监管的协调性与一贯性，同时还应建立敏捷治理的监管工具箱、细化合规免责制度，给新兴技术发展留下试

错空间。^①

　　最近，英国政府发布的人工智能政策白皮书《促进创新的人工智能监管方法》(*A pro-innovation approach to AI regulation*)(2023)提出，在监管观念上，应避免可能扼杀创新的高压立法，采取更具适应性的方法来监管人工智能。白皮书概述了监管机构应该考虑的五项原则，以最好地促进在其所监控的行业中安全和创新地使用人工智能。这些原则分别是：第一，安全性和稳健性。人工智能的应用应该以安全和稳健的方式运行，并仔细应对管理风险。第二，透明度和可解释性。开发和部署人工智能的组织应该能够沟通何时以及如何使用它，并以适当的细节解释系统的决策过程，以与使用人工智能带来的风险相匹配。第三，公平。人工智能的使用方式应符合现行法律，例如2010年《平等法》或英国GDPR，并且不得歧视个人或造成不公平的商业结果。第四，问责制和治理。需要采取措施，确保对人工智能的使用方式进行适当的监督，并对结果进行明确的问责。第五，可竞争性和补救。人们需要有明确的途径来对人工智能产生的有害结果或决定提出异议。这些观念对于探索大模型的治理具有一定的启发和借鉴价值。^②

加强科技伦理审查，走向可问责的大模型治理

　　如何使金融领域大模型的研发和应用实现负责任的创新，关键在于可问责的风险评估和监督审查。对此，联合国教科文组织《人工智能伦理问题建议书》指出，应建立适当的监督、影响评估、审计和尽职调查机制，包括保护举报者，确保在人工智能系统的整个生命周期内对人工智能系统及其影响实施问责。为此，技术和体制方面的设计都应确保人工智能系统（的运行）可审计和可追溯。

----

① 张凌寒：《生成式人工智能的法律定位与分层治理》，《现代法学》2023年第4期。

② https：//www.gov.uk/government/publications/ai-regulation-a-pro-innovation-approach/white-paper.

2023年10月，为规范科学研究、技术开发等科技活动的科技伦理审查工作，科技部会同教育部、工信部、卫生委等十部门联合印发了《科技伦理审查办法（试行）》。这一办法的颁布无疑是加强我国科技伦理治理的新的里程碑，大模型的治理可以此为抓手强化可问责机制。根据审查办法，从事生命科学、医学、人工智能等科技活动的单位，研究内容涉及科技伦理敏感领域的，应设立科技伦理（审查）委员会。

值得关注的是，审查办法对科技伦理委员会的职责提出了很高的专业性要求和能力要求。除了开展科技伦理审查工作之外，还要按要求跟踪监督相关科技活动全过程，为科技人员提供科技伦理及其风险评估方面的咨询和指导，组织相关的业务和知识培训。为了更好地履行科技伦理审查责任，有效推进可问责的大模型治理，应该在加强相关认识和提升科技伦理素养的基础上推进相应的人才建设。

具体的建议是，从事金融领域大模型的机构和企业要注重培养乃至设置内部的科技伦理分析师和科技伦理架构师或科技伦理专员。其中，科技伦理分析师通过把握相关事实和证据，澄清相关观点、概念、问题与选择，为科技伦理审查等工作提供支撑。而科技伦理架构师则负责机构和企业的科技伦理治理的框架设计与整体协同，他们要在全面了解和参与内外相关政策和决策过程的基础上，负责协调机构和企业的科技伦理风险防范，在科技伦理审查工作实施中保障审查主体职责的履行。

人工智能在金融领域应用的风险暴露与监管挑战

04

只有使用多手段并与审慎监管机制相配合，才能合理、适度、正确地将人工智能等新兴科技为我所有，为人类造福。

尹振涛
王美懿

尹振涛系中国社会科学院金融研究所
金融科技研究室主任
王美懿系中国社会科学院大学应用经
济学院金融专业硕士

2017 年，金融稳定委员会将人工智能定义为"应用计算工具来解决传统模式中需要人类的复杂性才能解决的任务，广义上称之为'人工智能'"。

自 2016 年 AlphaGo 在围棋人机大赛中战胜世界冠军以来，人工智能就跃升成为各个行业纷纷探索的焦点。而就在 2022 年年末，OpenAI 推出 ChatGPT，这一生成文本式人工智能产品的横空出世使得新一轮科技革命的果实以更为具体可触、真实可感的姿态再次出现在人们面前，改变着人类生活方式、思想观念、工作效率的同时，也更加剧了社会各界对新兴技术背后伦理问题的焦灼和担忧。然而，冰冻三尺，非一日之寒，ChatGPT 火爆出圈的单个事件背后是数字浪潮中涌现的大数据、云计算、区块链、人工智能等技术引擎渗透人类社会生活方方面面的种种必然。

以 ChatGPT 为代表的人工智能等信息科技是以前沿技术为出发点，而包括金融行业在内的社会科学则是以解决问题为导向，当新一轮 AI 浪潮更强劲、更频繁地席卷而至，技术和金融相结合，则衍生出更具生命力和创新型的思维方式和服务内容，不仅用先进的科技手段助推金融行业数字化转型升级，还大大拓宽了新兴技术的应用场景空间，数字金融产品的推陈出新更加模糊了行业边界，当前金融机构中的风险管理、日常运营、产品开发等过程很多都与人工智能紧密结合，在降本增效、拓宽金融行业逐利空间的同时也形成了其对技术的路径依赖，产生了不少潜在的伦理治理问题，提升了金融科技领域监管的难度。

一、人工智能在金融领域应用中的风险敞口暴露

随着金融行业数智化程度加深，金融产品结构不断优化升级，人工智能在金融领域的应用越发得到用户的认可和推广，人工智能的信息处理、存储和分析能力以及深度学习技术不仅提高了金融数据使用效率，还能有效识别和管控潜在的金融风险，其与客户的智能化交流也更有针对性，个性化地满足了不同消费主体的金融需求，大大增加了用户的友好程度，提高了用户黏性。

诚然，人工智能在提升金融服务质量、拓宽金融应用场景、惠及更多长尾用户、精准管控系统风险等方面都具有十足的潜力，但同时由数据和算法驱动的根本属性也决定了其对数据安全、算法隐私、网络攻击等用户权益和系统稳定方面造成的风险不容小觑。

金融行业高度依赖信息传输的特性与人工智能模型构建过程中对外部数据的仰赖十分相似，在利用包括深度学习在内的人工智能技术研发金融科技产品时，要确保输入的样本数据是明确、可靠、清晰且可追溯的，数据质量一旦出现问题，其微小的初始偏差、偶然错误或是损坏丢失都可能使整体的金融科技产品模型设计付之一炬。同时，处于大数据时代下的人工智能产品应用还可能涉及用户的隐私安全问题，海量的数据被过度地采集、挖掘、流通和共享，管控制度的补充革新滞后于技术的更新换代，尚未稳定的技术网络随时有被攻击而崩溃的危险，这些都有可能造成金融消费者群体的数据安全得不到保障甚至隐私信息被泄露、贩卖的严重后果，而数据资源维护系统的建立健全以及数据格式的统一、清洗和过滤等高成本工程又使得上述由人工智能造成的数据风险更为严峻。

算法作为金融科技应用领域的底层逻辑，其复杂、不透明、不可解释、难以监督等特性是将人工智能技术注入金融行业产品与服务中时必然要面临的主要风险之一。大多数人工智能算法模型在产出决策结果时，因其运行过程缺乏因果逻辑，数据披露方选择不向消费者进行阐明或解释。更为重要的是，当算法模型受到数据不中立或人为制造数据错误而进行暗中操控的影响时，算法会对用户主体产生差别对待的歧视性后果，极大地破坏了金融市场上的公平和正义，挑衅了金融科技领域治理规则框架，侵害了金融消费者的合法权益。不妥善处置人工智能技术中的算法问题还有可能造成技术失控，从而导致金融机构声誉受到损害、金融监管部门权威性被削弱，甚至引发"羊群效应"挤兑行为等一系列社会问题。

人工智能让用户主体品尝到科技创新果实的甜蜜，也同样会使人类社会付出高昂的代价，在利用人工智能技术时需要更多地进行人为干预以避免不透明的自动化模型引发的用户歧视和偏见问题。技术本身不能作为问责主体，可当技术开始对人类思维进行模拟和学习并表现出超出人类现有的信息整合能力和逻辑运算本领时，该如何正确界定人工智能技术的有效边界，使其在可控的范围内和完善的监管框架下为人类社会带来福利而不是危害是值得思考的。

二、人工智能技术对现有金融监管体系的挑战

人工智能虽然显著改善了金融产品和服务的供给质量，但同时它也给现有的金融监管部门和监管框架带来了新的风险和挑战。

（一）监管法律法规滞后性的问题

第四次科技革命浪潮中新技术涌现的速度以及规模都是前所未有的，并且在其驱动下的金融创新规模和速度也大超所期，基于技术创新衍生出的多样化金融科技产品大大提高了监管难度。

与之相较，现有的上层建筑则显得过于滞后，监管框架和法律法规内容的补充和更新迟迟适应不了新的技术变化环境，更新迭代日新月异的金融科技服务、产品和滞后的监管理念、陈旧单一的监管手段之间的矛盾激化，不仅会给不法的监管套利行为留有空间，造成技术滥用、非正规金融交易规模扩大等脱轨行为频发，紊乱正常的金融市场运行环境，还会降低监管政策法规预测性的功能，导致风险防控机制有效性降低，对风险识别、预测的敏感性和准确性下降，风险敞口暴露数量激增，技术上的监管不可控和设计缺陷最终传导到整个金融系统的产品终端，最终导致监管失灵，大大降低了金融事业服务于实体经济的效率。更进一步地，倘若金融监管领域的法律法规、政策文件紧跟技术衍生的速度，那么这种法律概念或监管要求上发生的调整则会给企业的金融创新活动造成巨大的成本甚至产生抑制性的倒退作用。况且，基于法学逻辑，人工智能算法及其程序运作系统既不是自然人也不能算作法律实体，这种有违传统

法律监管体系规制框架的学科现实更是加大了按照当事人意图追责的现实难度，在非判例规范体系下的我国法律语境中，这种金融监管制度体系与法律法规的滞后性越发凸显且未来一段时间内较难动摇。

监管手段的缺乏也会使得仅仅依靠现有的治理手段如同扬汤止沸，无法解决已有的技术问题，依靠事前预测来规避金融创新引发的系统性风险，只能治标不治本；通过事后整治以维持短暂的金融市场正常运行秩序，会带来损害程度更严重的反弹，且频繁地用旧的监管框架去约束新的技术行为，也会大幅度提升规制成本，给监管机构的声誉和权威性造成不可逆的损害。

（二）消费者权益纠纷中的权责认定的问题

埋藏在人工智能技术背后的数据安全和算法安全严重威胁着金融消费者的正常金融行为和合法权益。消费者在金融领域的权益保护问题处于健全完善金融科技监管制度体系的重要位置。

在将人工智能技术应用到金融领域时，要考虑到其自身的算法和决策可能具有的"黑箱"属性、自动化运行中出现技术故障的随机性，这在很大程度上会影响后续责任承担和救济措施的界定和分配。并且，对金融科技产品的监管制度供给不足会使得金融消费者、数据公司、金融机构三方权责协定不一致，消费者权益保护内容不能得到及时补充，则其维权手段有所缺失，从而使得隐性的侵权行为屡见不鲜，消费者就会逐渐减少对于金融科技产品的需求和消费，从而引发金融科技产品供给链萎缩，这一恶性循环最终会导致技术和金融的融合并不能给居民部门增加福利，反而是未得到适当管理的金融科技产品市场诱发了金融交易规模和效率的递减。

（三）技术和金融相融合衍生出新型伦理的问题

人工智能底层的数据和算法本身就存在运算失误甚至被人为控制从而导致用户歧视的可能性，其海量的数据需求更是对金融科技类企业的数据信息管理能力和自律机制提出了更高的要求，稍有运维不当或管理疏忽，便很有可能产生数据窃取、违规使用、信息泄露、系统损坏等严峻后果，并会引发消费者面临网络黑客欺诈、账号信息丢失泄露等安全隐患的不良连锁反应，尤其在智能投顾、智能风控等业务领域。此外，人工智能、大数据的大范围应用使得不少违背商业道德伦理的行为愈演愈烈，从中衍生出的信息泄露、数据篡改、算法歧视等金融科技伦理关键问题如果不能够得到及时解决、妥善整治，长此以往，会破坏金融系统稳定性，扰乱正常市场秩序，影响居民消费意愿、投资偏好等金融行为，甚至会影响实体经济的平稳运行。

数字经济深度融合背景下金融科技伦理治理要求现有的监管理论进行革新，在关注金融机构的资产质量、资本充足率、盈利水平、流动性管理、逆周期调节等指标之外还要着眼于维护金融消费者的数据安全、算法隐私以及金融服务及产品的数据中立、算法程序精确度等问题，同时加强引导金融科技技术行为回归社会道德治理的轨道上来，建立健全金融科技伦理治理框架，用强制的手段将技术创新带来的金融风险隔离在屏障以外。鉴于此种金融科技领域存在的风险隐患和伦理担忧，2023年我国工业和信息化部针对"3·15"晚会报道的部分破解版APP违法违规收集用户个人信息甚至监听用户隐私的问题迅速组织核查并依法进行严厉查处，坚决捍卫用户主体的合法权益，将违法违规行为持续控制在全面曝光、高压震慑的安全防线之下。

（四）监管部门人员专业性技术知识匮乏的问题

在技术的驱动下，金融产品的创新已经不再按照过去的规模、速度来进行，而是更加迅猛、急剧地衍生出更加多元化的金融科技产品和服务。外国网络安全平台GBHackers曾披露过不法分子利用ChatGPT实施诈骗犯罪行为的具体过程：通过ChatGPT这种生成式AI，不法分子可以轻易、快速地创建一个虚拟角色，并运用可个性化定制的完整诈骗话术套路来隔空诱骗受害者，再搭配ChatGPT辅助编写的收款程序或银行卡信息来获取连接，进一步诈骗受害者钱财。作为互联网历史上增长最快的消费级应用程序，以 ChatGPT 为代表的人工智能产品的强大社会影响力和其隐藏的犯罪潜力交织在一起，构成了对监管主体和监管技术的巨大挑战。一方面，面对雨后春笋般的技术应用问题，监管人员则略显捉襟见肘，监管部门对新兴技术的不熟悉使得其获取的技术应用场景数据、信息不足且过于碎片化，使用的政策组合无法精准应对重点风险甚至可能错误地扭曲原有金融市场体制，科技创新变得更容易逃脱监管制度的约束，从而逐渐形成监管套利、监管空白，监管技术的不足和监管手段的短缺造成了现有的监管模式已不再适用与科技深度融合的金融市场的现状。另一方面，监管领域存在认知时滞、决策时滞和行为时滞。即使监管主体具备相应的技术人才团队，其与金融业务部门的有效整合以及新兴技术的日新月异也会让金融监管的有效性大打折扣。

由此可见，监管层亟须加强自身建设，在正确把握金融市场的运行逻辑和未来趋势、政策手段和对策方针的各自特点和搭配方法之外，还要增加复合学科专业知识的学习，了解技术应用的底层逻辑和现实风险，敏锐捕捉技术应用领域发展的趋势和脉搏，提高风险识别、管理、预测能力，利用科技手段来补给监管手段，来提高监管的有效性。

（五）风险变异导致监管理论失灵的问题

随着金融科技业态的迅速衍生和金融科技产品的迭代激增，科技进步驱动下的金融创新也导致传统金融市场上的各种风险与技术风险交叉叠加，传统意义上的监管原则、监管理念和监管理论开始逐渐失去其本身的效力和作用。

在传统的监管模式中，政府秉持着加强管制的监管理念并主要通过对市场行为者发出管控命令的方式来达到目的。在后金融危机时代，国际社会普遍采用宏观审慎监管原则来全局性、系统性地考察和辖制整个金融市场的风险，然而这种偏重于事前监管的规制方式大大增加了人工智能等新兴科技在金融领域的运营成本和应用时滞，严重挤压了金融机构的盈利空间和创新效率。尤其在当今数字经济的时代背景下，这一监管实践行为无法有效地作用在层出不穷的金融科技产品上，因为现存的监管制度体系对科技驱动下的金融创新速度始料未及，原有的信用识别、获取、评估以及金融产品的设计、运行、市场管理和风险控制等诸多环节都在技术进步的推动下发生了颠覆性的变化，并传导到整个金融业务网络系统，在由监管理论指导下的监管制度体系尚未完全匹配相对成熟的技术环境时，则容易引发包括信用风险、操作风险、流动性风险等在内的多重传统金融风险，以及与衍生出的新型技术应用风险交叉叠加的系统性金融科技行业危机。

由此看来，新型金融科技监管制度框架应该建立在更为均衡、前瞻、平等且多元的时代眼光之上，当前越发紧密的金融机构关联程度以及技术带来的原有金融体系内部壁垒瓦解的复杂局面都正迫切呼唤着一个严格划分监管边界、具备全新政策协调思路的监管理论的出现。

（六）信息不对称加剧监管消极性程度的问题

信息不对称是金融市场发展的沉疴痼疾，尽管市场信号和政府规制在一定程度上可以减轻由信息差引起的信息劣势方权益受损程度，但如今海量数据转瞬更新，大批技术霎时落地，监管部门数据处理系统应接不暇、负荷过重，原有的手段、时机、路径等监管经验在科学技术日新月异的紧迫现实下更显得无能为力，对金融科技市场的监管无疑陷入了一种由慌张盲目、错误频发过渡到无为而治的消极治理的信息不对称僵局中。

金融科技作为被监管的对象，自身数据、算法等技术更新速度快、规模扩张迅速，具备故意隐瞒诸如数据失误、算法受控、技术伪造等劣质竞争行为以规避监管、降低合规成本从而在最大程度上逐利的强烈动机，而严格遵守监管制度条例的优质被监管对象则要承担高额的合规成本，长此以往则会出现信息效率失衡、金融产品竞争中"劣币驱逐良币"的逆向选择现象，而当监管层提高市场门槛、加大监管力度时，又会出现被监管者加快金融科技创新以实现金融脱媒、逃往监管空白的道德风险，使得本就无法全面掌握被监管者技术应用动态信息的监管者信息劣势的地位雪上加霜，监管框架体系在将新兴技术应用于金融领域的博弈中被动地停滞在无从下手、盲目无序的信息不对称境地。

此外，考虑到我国监管科技的多样化发展现状，目前主要有金融监管机构独立研发监管科技、监管机构与科技公司联合研发以及监管机构将监管平台构建开发等环节外包给第三方科技公司三种方式。对第三方和技术手段的利用虽然在一定程度上会减少被监管机构的负担和成本，但也可能会使得监管机构难以掌握核心技术、核心算法等运行规则而丧失部分监管主动性，产生集中度偏移和外部风险等问题。由于道德风险的存在，受委托的科技公司还可能利用其技术优势为自身谋求监管套利空间。当这种技术和数据的主动权长期掌握在第三方科技公司手中，数据信息平台的大型垄断将逐渐形成，促使体量较大、较易形成规模经济的科技公司取代部分监管部门，形成监管漏洞和勾结套利，加深监管机构主体的被动困境。

（七）网络负外部性造成的社会负面影响无法由监管体系覆盖

以人工智能为代表的金融科技产品给人类社会带来的变化不仅局限在经济生活领域。新型人工智能医学影像的出现大大改变了传统医学的病例研究经验和治疗效率，大型人工智能机器化运作显著降低了工厂劳动力资本成本并减轻了工人的负担，生成式文本人工智能ChatGPT可以有针对性地设计定制用户需要的文本和程序，以上这些应用在便捷行业整体工作的同时也不可避免地产生社会层面的副作用。人工智能的出现和普及在逐渐替代着不同职业、不同岗位的劳动者，严重的失业率攀升现象可能不仅不会使得技术革新推动整个社会发展进步成为现实，反而会增加人们对于人工智能背后的科技逻辑的怨怼声音，从而阻碍科技的深入应用。

所以，上述社会问题不是仅由单一监管体系或框架一刀切就可以解决的，更需要地方政府补贴、收入分配政策调整、产业渠道多元化拓宽等手段和审慎监管机制相配合，才能合理、适度、正确地将人工智能等新兴科技为我所用，为人类造福。

三、促进人工智能在金融领域应用的对策建议

数字经济融合创新驱动下的金融科技，在改变传统的金融服务供给方式、增加金融产品普惠性、为金融行业注入新的增长活力的同时，也暴露出了不少威胁技术安全的潜在风险挑战，在将新出现的风险敞口纳入金融监管体系框架下的同时，也要用科技思维引导金融监管体系思考方式的转变。

（一）建立健全金融监管框架，完善相关法律法规

人工智能在发展过程中逐渐暴露出的风险敞口与金融行业对前沿技术的应用速度和规模都意味着当前建立健全整体规制金融科技发展的监管框架刻不容缓。为了确保人工智能技术受到责任追究机制和透明、公平、安全等道德原则的制约，要对应用人工智能技术的金融机构和企业负责人实行严格且明确的问责制，完善人工智能技术容错率判定技术和手段，考虑到技术层面存在由于深度学习能力不足而导致的计算机本身的偶发性失误，可以在一定范围内列举免责情况、设立免责制度体系。

同时，要对不同规模的人工智能模型所产生的行为和引发的审慎风险进行差异化监督和管理，并且数字技术与金融行业的融合涉及多个监管部门，要协调监管性政策法律法规，借鉴国际人工智能技术治理指南，并根据不断发展的技术趋势和数字经济融合程度，更新监管标准和规定，整体的政策框架建设要具有一定的前瞻性与包容性，并且在施行的过程中要稳健、谨慎、有计划地进行，避免在人工智能技术尚未成熟或与金融业务未良好适应的情形下过度监管，影响金融行业中的技术革新速度和数字经济产业的健康发展。

（二）加大科技研发资金投入，建设高科技人才队伍，扩充高端人才储备库

对于完善人工智能技术和健全数字经济时代下的风险管理体系来讲，打造前沿科技高端智库显得尤为关键，尤其是目前我国处于金融科技交叉融合背景之下，具备学科复合背景的专业人才团队对我国未来科技、金融甚至医学、教育等事业都起着决定性的作用。

人才的培养，也离不开对于市场供需现状的瞭望和把握。在专业人员队伍建设方面，不仅要注重对技术型人才的培养，更要加大对金融专业知识的教育和宣传，着力培养和引进学科复合型领军人才，利用劳动力市场需求和政府培养引进两种方式共同拉动教育行业中复合学科体制的建立。

同时，还要完善人才激励机制。政府应加大对人工智能等科研专项的资金扶持力度，根据前沿技术发展方向以及前瞻性预判的未来经济增长点，适当调整人才结构，制定人才培养总体战略目标和分阶段培养方案。同时鼓励国内高校建立一批人工智能专业试点以及人工智能技术实验室，支持金融机构和企业与高校人工智能团队的协同合作，提升国内团队核心技术自主研发水平，在关键"卡脖子"技术上发力，有计划、有步骤地减少核心技术对国外的依赖，以解决现实问题为导向，为金融创新培养一批中流砥柱般的技术后备力量，为我国金融事业的长久发展提供源源不断的智力支持和创新动力。

（三）强化风险防控管理机制，提高风险防控技术，精准捕捉和预测人工智能风险敞口

人工智能技术应用中产生的无意识歧视或偏见行为不仅会造成消费者权益的损害，在其扩大规模转化为金融机构或企业的运营风险或财务风险时，会通过金融网络链条进一步传导到实体经济以及居民生活的方方面面，并且人工智能技术在金融领域中应用的范围和深度不断扩大会进一步引发流动性风险、网

络风险、声誉风险甚至系统性金融风险。

所以，要加强对人工智能与金融产品及服务融合过程中的风险排查力度，提高风险防控管理技术水平，对风险管理和预测模型进行完善和精进以期能够更加准确地识别人工智能在金融领域中的潜在风险。同时，也要积极整治数据和算法领域的共享生态圈，切实维护金融科技用户主体的消费权益；要尽可能用简单易懂的方式来进行外部披露，赋予数据用户主体对人工智能技术的决策行为和结果合理质疑的权利，将人工智能的底层逻辑建立在安全可控的范围内，有效管理金融行业数据信息，规范行业内数据格式，提高人工智能的深度学习能力和分布式存储、自动化能力，为人工智能与金融行业深度融合打下坚实的数据资源和硬件技术基础。

此外，还要对网络系统定期维护、漏洞查探和系统巩固，设计完备的应急预案，提高人工智能在技术层面的安全系数，结合云计算、区块链等其他前沿科技手段，在风险敞口大、风险防控机制效用弱的环节采用多种安全保障措施，并对采集、整合后的数据、程序、算法以及其运行的软件和硬件环境均重复性地进行严格的测试，以最大程度上避免技术风险和金融风险的出现及其影响范围。例如，证监会综合使用数据验证、数据整合、数据可视化等方式，并采用国际化的XBRL标准来对公募基金信披数据进行录入和管理，搭建并逐步完善"资本市场电子化信息披露平台"，不仅运用监管科技大幅度提高了识别、预防金融风险的敏锐度，还极大提高了信息披露的规范性和透明度，在一定程度上压缩了监管真空。

（四）开展国际协调合作治理，减少监管套利空间

金融监管制度框架对标国际准则已经成为顺应金融科技全球化发展劲头的大势所趋之举，不同的监管制度会在各自辖区产生不同的分配效应和不确定性，与其形成鲜明对比的则是技术的广泛扩张以及全球共享机制。考虑到二者在数字经济加快融合以及金融监管体制亟待改革的现实下体现出的激烈矛盾，建立

标准统一、政策协调、相互补充的全球性监管框架和监管制度体系已经成为当下刻不容缓的议程之一。

作为一种新兴事物，金融科技在不同国家、地区的发展速度、扩张规模都各自有别，且单论一个地区的金融科技产品推演，它的发育模式和影响路径也是处于一个不断变化、自我调整的动态过程，因此，与各国金融科技发展综合现状相适应的各国金融监管制度框架也存在着较大的差异。而正因为不同国家或地区的监管制度对金融产品的公开透明度、应用复杂性、普惠度、交易规模和交易对象都有着不同程度的限制，金融机构受利润最大化动机的直接激励，则容易利用前沿科技加快金融创新脚步、增加金融创新产品种类以绕到风险管控盲区来实现监管套利。

可见，我国应就金融制度监管课题与国外优秀监管框架案例交流经验，基于我国金融科技行业发展现状，因地制宜地建立监管框架，紧密监测国内外金融科技应用风险，减少并防止国内金融创新监管套利，还要加强国际的监管合作协调力度，在技术创新、数据信息安全、风险评估、政策配合、网络漏洞查补等方面多多交流、展开合作，借鉴国外金融科技行业统一管理标准来弥补我国监管制度和监管原则的空白。

（五）完善硬件技术，增加人工智能与金融业务的耦合性，差异化定位产品

从监管层面来看，金融科技尚未发展成熟，且当前的金融监管制度不适用于技术的创新原理和风险评估方式，要加快硬件技术的研发速度，打造金融科技专业研究团队，用技术引导监管思路的变革，对金融科技产品进行规范。

前沿科学技术在金融领域的应用还要注意匹配度问题。强行将技术注入金融产品中，缺少了对用户需求、现有竞品等的商业模式分析，缺乏对金融市场整体发展方向的把握，盲目的金融创新只会形成徒劳的技术空转，不能对实体部门的发展起到良性支撑作用。

此外，金融科技产品应用的数据和算法技术领域也尚未出现统一的规制标准和风险评估模型，偏差的数据分析和算法谬误很容易导致为金融消费者提供错误或过于同质化的技术产品，偏离用户的实际需求。

（六）健全金融科技产品纠纷责任认定，加强金融消费者权益保护力度

金融科技产品的技术属性带来的其自身透明度低、数据运算量大、算法处理程序复杂等特点都使得消费者处于信息劣势一方，在金融专业知识和技术信息披露不到位的情况下容易受到多方风险冲击。

从广大用户群众的角度出发，要对金融科技产品投资者进行相关专业技术知识方面的宣传教育，培养其对不确定性风险捕捉的敏感度，引导其树立根据自身风险承担能力寻求适合的金融科技产品的意识，增强其在面对数据安全和算法安全漏洞引发的权益侵害现象时的维权意识和能力。

从金融监管制度体系的角度出发，首先，要建立健全用户和产品风险承担匹配制度，科学、合理、多维度地设计用户调查问卷，尽可能多地综合获取用户数据和信息，利用前沿科技精准把控用户的风险承担能力和风险承担意愿，建立并完善投资事前冷静期的制度并适当延长金融科技新兴产品的售后期。其次，要完善产品纠纷问责制度，将技术平台、金融机构的风险进行分离式监管，从法律法规层面加强对金融消费者隐私和交易账户、信息、售后等的保护，完善问责程序、问责标准、问责后果等多元主体式问责框架，建设行业自律机制，推动行业内对金融科技产品的自查、自纠制度的建立，利用监管沙盒评估金融科技产品的创新风险，确保将技术在金融领域扩张所引致的风险隔离在金融投资者以外。最后，要健全技术产品的信息披露制度，不仅要用技术手段更新金融监管框架的思路，还要切实改善金融消费者信息不对称的境地，用专业知识促使用户群体主动寻求金融科技产品信息的同时还要完善相关信息披露制度体系，真正让金融产品背后的技术公开性、透明性得到提高，推动公众自行监督

数字创新，降低监管难度。

（七）完善多层次资本市场体系，提高融资便利度

在市场经济条件下，对金融科技技术应用的风险管控是不能单独依靠金融监管制度而完成的，还要重视完善和健全与之相配套的金融市场基础设施。只有有效整合经济运行环境中的各类资源，才能促使金融监管系统更加顺畅、平稳地运行。

要将完善多层次资本市场作为数字经济时代背景下工作的重点。科技创新的高风险性、高收益性使其具有一定的投机色彩，要想抑制盲目膨胀的金融科技产品产出速度，利用资本市场中融资门槛来向金融市场传递政府侧重扶持技术产业的信号，在一定程度上可以起到调整技术扩张结构的作用。因此，要进一步强化直接融资体系支撑金融科技应用的作用，借助股票和债券工具的不同优势和主板市场、科创板、新三板、北交所及场外市场的完备上市体系，发挥对技术创新的合理引导和合规管控作用。

除了资本市场上的直接融资方式来支持技术创新，还要进一步发挥商业银行间接融资体系的资源配置作用。对技术应用领域进行结构性优化升级，加大技术研发投入力度，跟踪新兴技术投资回报率，从技术创新源头把控应用方向，来协调配合金融监管的各项政策工具。加快培育一批高质量的金融科技企业，促进人工智能在金融领域落地生根，提高科技资源在金融行业的配置效率的同时进一步提升监管效率。

大模型赋能金融业的责任之路

创建一个用户完全可以依赖的人工智能应用环境，AI的设计者、开发者和运营者必须共同遵守透明性、可审计性、合法合规及可信任的原则，确保用户可以理解其所使用的人工智能系统。

温昱晖
段力畑

北京国家金融科技认证中心资深专家

一、生成式AI大模型的应用责任

（一）"负责任"的概念

1."负责任"的内涵和外延

赋能金融业，生成式AI大模型的金融应用首先是"负责任"的。根据商务印书馆《现代汉语词典》第七版对"责任"词汇的解释："一是分内应做的事，二是没有做好分内应做的事，因而应当承担的过失。""负责任"的概念需要从两个方面去理解，即个人、组织在行为、决策、义务方面承担责任，并为其所产生的影响、后果或效果承担相应的责任。这是一种态度并强调诚信、可靠、遵守规范、考虑他人利益、尊重法律、尊重环境和社会等方面的责任。

对于"负责任"的内涵可以从以下三个方面理解。

一是**担当意愿**："负责任"意味着个体或组织有意识地认识到自己的行为和决策对他人、社会或环境产生的影响，并愿意承担起必要的责任。这种责任感体现在行动中，包括努力避免造成损害、愿意纠正错误、积极参与社会问题的解决等。

二是**兑现承诺**："负责任"也涉及信守诺言和兑现承诺。当个体或组织作出承诺时，负责任的态度意味着会努力履行承诺，不轻易食言或推卸责任。

三是**关注后果**："负责任"的行为是基于对可能后果的深思熟虑。个体或组织会在行动前考虑行为可能带来的积极影响和消极后果，做出更明智的决策。

"负责任"概念的外延可以包括个体、组织、社会、文化和国际层面，以及各个领域如商业、教育、环保、社会公益等。在个体层面，"负责任"涵盖了个人行为、决策、职责和义务方面的责任感。在组织层面，"负责任"包括组织内部管理、业务决策、对员工的责任，以及对社会、环境和利益相关方的责任。在社会和文化层面，"负责任"涉及整个社会对法律、道德、公益事业和可持续发展的共同责任感。不同领域的"负责任"应用可以是广泛多样的，但都基于对自身行为及其影响的认知，并愿意承担相应责任和后果。

总之，"负责任"强调了一种对待行为和决策的认真态度，意味着在各种情境中考虑他人利益、社会利益和可能的后果，以更好地塑造个体和组织的形象，同时为更大的利益贡献一份积极的力量。

2.责任主体

有了负责任定义之后就需要明确责任主体。责任主体的概念来源于司法活动，原意指在法律上对于某一行为或事项所应承担责任的主体，包括需要承担责任的单位、组织或者部门，也包括自然人。本章的"责任主体"更具有普适性，是一个涉及责任和权利的概念，指的是在特定情境下承担责任或享有权利的个体、组织或实体。责任主体对其行为或决策的后果负有法律、伦理或社会责任。责任主体的界定因情境而异，其责任和权利通常由法律、道德准则、社会规范和合同来确定。不同的国家和文化对责任主体的定义和职责可能存在差异。责任主体起着重要的作用，因为他们在社会中帮助维护秩序、公平和正义。

（二）生成式AI大模型应用的社会责任

1.什么是负责任AI

人工智能技术应用带来巨大价值的同时，其潜在的负面甚至危险的后果也受到业界广泛关注，因此负责任人工智能（Responsible AI）成为这一波科技浪潮中人们的共识和努力达成的目标。随着业界在实践中的不断探索，负责任人工智能的理念逐渐聚焦为：创建一个用户完全可以依赖的人工智能应用环境，AI的设计者、开发者和运营者必须共同遵守透明性、可审计性、合法合规及可信任的原则，确保用户可以理解其所使用的人工智能系统。这一目标的达成不仅依赖于组织自身的管理措施及能力，也需要依托先进的技术支撑。

以ChatGPT为代表的生成式AI作为近十年来AI领域最具变革性的技术方向，已成为全球新一轮竞争的焦点。各大科技巨头纷纷投入并成为AI技术和应用的引领者，在实践中逐渐认识到人工智能技术带来的数据安全、隐私保护、公平正义、伦理规范等方面的影响，普遍接受了负责任人工智能理念，并制定战略和路径以确保AI技术的可持续、透明、公平和社会受益性的发展。例如谷歌、微软、IBM等均致力于开发负责任AI，并将其理念融入产品和服务中，关注公平性、可靠性、安全性、隐私性、包容性、透明度和问责制等原则，尊重个体权利、透明度、算法责任和多样化等，以安全、可靠和合乎道德的方式开发、评估和部署AI系统。国内阿里、腾讯、华为等头部IT企业积极推动人工智能的合规和负责任发展，坚持保护用户隐私和数据安全，遵守法律和道德准则，建设可用、可靠、可信、可控的负责任技术体系。需要指出的是，各大企业的负责任AI战略和路径可能因公司规模、行业和文化背景而不同。此外，负责任AI正不断演进，企业可能会不断调整其战略以适应新的技术和法规。

2.负责任AI的中国原则

中国政府也在积极推动负责任AI的中国实践。中国科技部成立的国家新一代人工智能治理专业委员会，于2019年6月发布《新一代人工智能治理原则——发展负责任的人工智能》，明确将"负责任"作为人工智能治理的重要原则，强调了"和谐友好、公平公正、包容共享、尊重隐私、安全可控、共担责任、开放协作和敏捷治理"八条原则，这也成为我国推动负责任人工智能治理工作的指导原则。

ChatGPT引发生成式AI大模型火爆的同时，生成式人工智能技术带来的社会负面问题也引起国家和行业管理部门的重视。2023年8月15日正式实行的《生成式人工智能服务管理暂行办法》要求："提供者应当依法承担网络信息内容生产者责任，履行网络信息安全义务，并依法承担个人信息处理者责任，国家坚持发展和安全并重、促进创新和依法治理相结合的原则，采取有效措施鼓励生成式人工智能创新发展，对生成式人工智能服务实行包容审慎和分类分级监管。"该文件对生成式AI服务的责任主体，承担的责任义务，负责任生成式AI治理原则做出了具体的规定。

此外，生成式AI大模型属于信息服务深度合成应用，国家互联网信息办公室、工业和信息化部、公安部联合发布《互联网信息服务深度合成管理规定》，针对利用深度学习等生成合成类算法制作文本、图像等网络信息的技术，对篇章生成、文本风格转换、问答对话等生成或者编辑文本内容的技术进行监管，为生成式AI大模型应用提供了负责任治理的基础性规则。

3.生成式AI大模型应用的责任主体

（1）生成式AI大模型的责任主体确定

相较于过去服务于单一金融应用场景或任务的传统AI模型，金融业应用的生成式AI大模型通常是多任务的，需要全栈大模型训练与研发能力、AI安全治理能力、生态开放性和业务场景落地经验，而全栈大模型训练与研发能力更是包括数据管理经验，AI基础设施建设与运营，以及大模型系统和算法设计的综合能力要求。生成式AI大模型应用的高技术门槛，势必激发新的产业链分工和AI产业商业化结构生态重构，新的商业模式也将不断涌现，如MaaS（模型即服务）模式已受到业界的广泛关注和认可。这些因素结合金融业强监管行业特点，使得生成式AI大模型金融应用的责任主体必然涉及多个参与方，包括行业主管部门、技术产品提供者、大模型运营服务者、服务提供者、服务使用者以及模型本身。

表1　生成式AI大模型的主体及责任

责任主体	责任和义务
行业主管部门	负责监督和管理人工智能技术的使用，制定规则和法规，以确保大模型的合规性和伦理性，确保这些技术不会对社会产生不当的影响，确保人工智能技术的负责任使用。
技术产品提供者	作为生成式AI大模型的创建者和训练者，负责确保模型的设计和训练是合乎伦理和法律的。需要监督模型的行为，避免模型产生偏见或不当行为。
大模型运营服务者	负责维护和部署生成式AI大模型的实体，需要确保模型在实际应用中的行为是负责任的，如果有必要的话，采取措施来纠正模型的行为。

续表

责任主体	责任和义务
（金融）应用服务提供者	对于采用生成式AI大模型的金融服务提供者，他们需要确保其选择的AI服务或产品满足金融应用在安全、可靠、连续性方面的要求。
服务使用者（用户）	获取生成式AI大模型金融服务应用的使用者，也是责任主体，他们可以通过反馈、舆论压力和政治行动来影响大模型的使用。他们可以要求透明度、问责制和道德行为。
大模型自身	在某种程度上，生成式AI大模型本身也可以被视为一种责任主体，尤其是在涉及自我学习和自我调整的情况下。开发者需要确保模型的自我学习是受控制的，并且模型不会产生偏见或不当行为。

（2）生成式AI大模型自身的主体责任分析

生成式AI大模型金融应用责任主体之间的责任分配和合作需要综合考虑，以确保人工智能大模型的开发和应用是负责任的、合法的和遵守伦理规范的。其中人工智能大模型自身通常不能被视为完全独立的责任主体，因为它们是由人类开发和训练的工具，缺乏自主性和道德判断能力。这些模型是基于程序规则和数据知识进行运作的，它们的行为和决策直接受到开发者和训练数据的影响。

程序错误或漏洞产生的责任问题。如果人工智能大模型中存在程序错误或漏洞，这些错误或漏洞可能导致模型产生不当行为。在这种情况下，可以认为模型自身在一定程度上负有责任，但这种责任通常会追溯到开发者和运营者，因为他们负责确保模型的正常运行。

自我学习和自我调整带来的责任问题。某些人工智能模型具有自我学习和自我调整的能力，但这些能力通常是在开发者的监督下进行的。如果模型在自我学习过程中产生不当行为，责任仍然会归咎于开发者，因为他们应该采取适当的措施来防止不当行为的发生。

模型的透明度和解释性影响的责任问题。模型的透明度和解释性是一个重要问题。如果模型的决策不能被解释或理解，那么在发生问题时可能难以追溯责任。因此，开发者需要努力提高模型的透明度，以便能够追踪和解释大模型的行为。

总之，人工智能大模型自身通常不会被视为独立的责任主体，责任通常归咎于开发者、运营者等。模型的行为和决策是人类创造和管理的结果，因此，确保模型的负责任使用和负责任行为是这些责任主体的职责。

（三）生成式AI大模型的金融应用要求

1. 负责任金融及其目标

金融服务作为一个商业服务领域，向客户提供一系列金融产品和服务，包括存款、贷款、支付、投资和保险等，会直接关系到组织和个人的经济利益，支撑着经济的发展和繁荣，具有重要的经济影响和社会价值。这就要求在金融业务和金融产品的设计、开发、销售、运营等诸多方面，金融业服务机构应负责任地采取管理和技术措施，以确保消费者的权益、社会的稳定和可持续发展。"负责任金融"概念的提出旨在促使金融机构在推动经济增长的同时，充分考虑社会和环境影响，并尽量避免或减少负面影响。

负责任金融目标的实现需要政府、金融机构、社会和消费者共同努力，建立健全的制度和标准，促进金融业的可持续发展，实现经济、社会和环境的和谐发展。一是保护消费者权益。确保金融产品和服务不会损害消费者，提供清晰透明的信息，避免误导和欺诈。二是履行社会责任。通过金融业务的开展，对社会做出贡献，支持可持续发展和社会福利项目，例如环保、教育、健康等。三是确保环境可持续性。着重考虑金融活动对环境的影响，鼓励可持续投资和绿色金融，以促进环境保护和气候变化应对。四是确保合规与合乎道德标准。遵守法律法规，遵循道德准则，以确保金融业务的合法性和诚信。最后还需要开展风险管理确保稳定性。加强风险管理，确保金融系统的稳定运行，防范和化解金融风险。

2.负责任金融的技术应用要求

技术能力和智能化水平正在改变金融服务模式，从渠道与服务触达方面推动"金融服务无处不在"的数字化转型实践。采用先进可靠的技术是实现负责任金融的技术基础和保障，旨在保障金融活动的高效、安全、透明、合规和可持续性。同时负责任金融并非简单地追求最新技术，特别是生成式 AI 大模型还缺乏充分的行业实践，其技术应用必须结合政策、技术、市场等方面的风险分析，综合多方面因素考虑。**在合规和法律遵从方面，**需要符合属地和国际的金融法规、法律和监管要求，确保金融活动及其技术应用的合法合规。**在数据隐私与安全方面，**需要保障客户数据的隐私和安全，遵守相关隐私法规和安全标准，采取加密、访问控制等措施防止数据泄露。**在透明度和可追溯性方面，**需要提供透明的金融产品和服务信息及相关技术应用说明，确保客户了解产品特性、费用结构和技术方案等，并能随时查看交易记录、账户情况和技术应用的过程记录等。**在普惠金融方面，**需要利用科技手段降低金融服务的门槛、避免数字鸿沟，确保更多人能够公平无偏见地获得金融服务。**在客户教育和适当性方面，**需要提供客户教育，确保客户了解所购买金融产品中技术应用带来的影响，保障产品的适当性。**在可持续发展方面，**需要采用可持续的技术解决方案，推动绿色金融、社会责任投资和环保项目，以促进社会和环境的可持续发展。**在反欺诈和风险管理方面，**需要运用人工智能、大数据分析等技术，识别和防范金融欺诈，有效降低风险。**在用户体验和普及方面，**需要提供良好的用户体验，简化金融服务流程，推动数字化支付、智能投资等，以提高金融服务的普及率。**在技术创新和持续改进方面，**需要不断进行技术创新，适应市场和客户需求的变化，持续改进产品和服务，保持领先优势。

生成式 AI 大模型在模型性能及能力上的跨越式提升，更好地满足了众多金融场景，如智能投顾、智能投研、智能风控、智能交互等，加快了金融行业的技术升级进程。与此同时，其在安全性、鲁棒性、可解释性、隐私保护、公正无偏等方面存在的风险受到社会的关注。生成式 AI 大模型的金融应用需要解决

这些风险挑战来符合负责任金融的技术应用要求。根据业界人工智能技术长期应用的实践和经验，治理是推进负责任大模型金融应用的有效路径。

二、影响负责任大模型金融应用治理的主要因素

（一）大模型金融应用带来的变化和治理挑战

1. 大模型金融应用带来的变化

与过去AI小模型通常采用本地化部署解决单一任务不同，AI大模型作为可在多个领域和任务中实现"通用化"的基础设施，其本地化部署存在算力受限、训练（数据）不足、研发和运作成本高等问题。大模型技术自身还在持续更新迭代中，进一步提高了其技术应用门槛。对绝大多数金融机构来说，采用大模型云方案成为更现实的选择。

正是因为本地化部署面临的挑战，科技巨头基于AI原生基础设施打造通用模型，由客户来打磨和训练领域或专业化模型，向B端客户提供细分领域的模型，成为大模型赋能千行百业的新型服务模式。由此应运而生的大模型即服务（Model as a Service，MaaS）结合数据反馈闭环可能成为未来人工智能大模型驱动的商业模式与服务产品设计的基础，生成式AI大模型金融应用则呈现明显的产业分层，即"基础模型—专业模型—服务应用"，这也带来了风险集中、网络安全、数据安全、隐私保护、伦理善治等方面一系列问题。采用传统的风险治理理念，金融业服务机构已无法独自覆盖全过程解决这些问题，更需要新的思路适应新问题的出现。

通用基础大模型离不开大算力、大数据、强算法等核心技术能力，资本和技术密集产业的特点注定其只能是少数科技巨头以及部分科研机构和高校的赛道，技术和服务的高度依赖和集中决定了多数金融业服务机构很难维持过去对金融应用基础设施和服务自主独立的运营管理方式。此外，高水平人工智能垂直领域模型的关键是高质量数据投喂，考虑在基础大模型上采用金融数据训练

的领域模型或行业模型，需要解决此新模型生成带来的知识产权权属问题，更需要明确在新模型训练、部署和应用中多个参与方的责任界定，满足负责任金融要求。

2.负责任大模型金融应用原则与实践的差距

一般来说针对新技术新业务的行业标准因相关成熟问题研发相对滞后，而基于原则的国家和行业的政策法规在落地到机构的具体实践活动时可能存在差距，要实际规范大模型应用系统的行为，必须具体、清晰、明确，因此治理工作需要将原则转化为金融机构一致的行动规范或规则，这一过程是一项重要但具有挑战的任务。首先，生成式AI大模型金融应用的多样性和复杂性导致其难以制定通用的规则，因为不同应用领域、任务场景和技术选择都可能需要不同的规范。其次，AI技术快速迭代，新技术的出现可能造成现有的规范迅速过时，使得规范的制定难以跟上技术的步伐。再次，规范的制定需要权衡包括开发者、用户、社会、行业等各方的利益，存在原则理解的共识偏差、原则之间的冲突。最后，开发者、决策者和用户对负责任AI原则的理解可能不足，需要加强教育和宣传以提高认知水平。克服这些困难需要多方合作，包括跨学科团队、国际合作、公众参与等，以确保负责任AI原则能够转化为切实可行的行动规范和规则。

3.大模型金融应用带来的治理挑战

大模型在金融业有着广阔的应用前景，既可以服务金融业客户，例如智能客服，也可以作为"AI数智助手"（copilot）辅助机构员工开展日常经营管理工作，例如智能投研、办公写作等。随着商业模式的改变和对现有产业链的渗透，大模型技术提供者和服务提供者成为一体或存在高度依赖的关系，造成大模型应用的责任主体模糊。在生成式AI大模型金融产业生态中，基础大模型服务提供者往往是非金融服务持牌者，但具有潜在深度参与或控制下游金融应用服务甚至是经营管理的能力，拥有强大的市场支配能力，增加了生成式AI大模型金融应用治理的难度。

　　目前生成式AI大模型开始具备多模态、跨模态生成类似人类创作的文本或图像等内容的创作能力，例如金融智能客服可以替代服务人员收集信息和知识、判断意图并思考推理，以类人化而非机器化的话语体系进行交互表意，输出结果是概率化的和无法预测的。另外，输出内容的质量在很大程度上取决于用户提问（Prompt）的能力。这种基于用户提示下的信息生成内容，是由用户与生成式人工智能服务提供者共同影响生成的内容，如生成错误的或者误导性内容，这种内容结果在金融业应用中可能会直接影响客户财务分析和投资判断等活动。这种内容生成主体和生成方式的演化、内容生成质量和生成效果的影响，使得信息内容安全方面的责任认定和责任分配规则面临挑战。

　　同样，生成式AI大模型需要循环迭代学习，固定的输入输出关系难以形成，而使用者也是训练者，使用过程也提供了学习材料。在金融应用场景中，与用户的交互对话过程本身就是信息采集的过程，用户经意或不经意提供的个人或敏感，甚至恶意信息，可能被用于模型的训练、学习和改进过程，从而被置于公共领域。这类系统行为的先天因素可以由其设计者和建造者负责，后天因素却没有明确的责任人。

（二）大模型金融应用推动行业监管治理思路转变

1.多元治理社会共治

　　金融业属于强监管行业，金融业的稳定和健康对整个经济体系的稳定和发展至关重要。生成式AI大模型技术来自上游产业，并在不断迭代，服务模式也随之不断创新，处于产业上游的大模型技术和服务提供者具备通过基础大模型深度控制和影响产业下游金融机构及其服务应用的能力，显然仅依赖金融业内部管理达到过去对传统信息技术应用监管的效果是有难度的。对生成式AI大模型金融应用的监管治理需要依靠国家层面的总体布局，组建跨部委的监管协作机制，由政府、企业、学术界、民间组织等多方参与，共同制定和执行治理方针、原则和标准，实现从基础大模型、金融业大模型和金融服务应用不同层面的协作治理机制。对基础模型层应以产业发展为导向，治理关注科技伦理、训练数据、模型参数等。对金融大模型层应以审慎包容的理念，行业主管部门牵头通过分级分类管理关注关键领域与场景，训练数据来源与安全、个人信息保护等金融业治理痛点。对金融服务应用层，发挥金融业服务机构的主动性，聚焦网络和内容安全、服务质量与用户权益保护等，沿用现有监管要求，并适时引入新兴监管理念、细化合规免责规则，给新兴技术发展留下试错空间。

2.包容审慎平衡发展

生成式AI大模型金融应用处于行业应用的初始探索阶段，产业基础不够雄厚，应用影响的经验积累不够充足，技术和服务模式还在不断适配金融业服务的需求，安全与发展的关系需要进一步平衡。生成式AI大模型代表的新一代信息技术是当前国际竞争领域的重要制高点，在本土生成式AI模型金融应用初期，"零风险"并不是一个科学的目标，对新技术行业应用的探索者过于严苛的责任设定，可能限制产业的发展和金融业的创新应用。坚持包容审慎的监管原则，在保障国家安全和金融稳定的前提下，统筹发展与安全，建立符合客观规律和发展阶段需要的赋能型监管理念和监管模式，为新技术创新应用的发展留下足够空间。比如，从生成式AI大模型发展的算力基础考虑，应该为金融业AI大模型应用的算力资源协同共享提供更优良的政策空间。从生成式AI大模型训练需要海量行业数据考虑，在保护个人信息和数据安全的前提下，在监管层面支持高质量的金融业训练数据资源开放共享，排除数据训练等方面的流通障碍，促进数据要素的利用。正视生成式AI大模型金融应用引入的风险和挑战，切合实际的监管才能在技术创新和安全稳定上进行平衡，最大化实现生成式AI大模型的行业应用价值。

3.聚焦风险控制底线

生成式AI大模型的本质是基于大规模数据集，通过算法预训练学习数据的潜在模式、特征和规律。在当前发展阶段，模型生成内容的准确性有限，金融业应用的AI大模型自身无法辨认生成内容的真实性，算法本身无法避免社会偏见和价值观倾向，容易出现虚假或有害信息的生成问题。因此生成式AI大模型金融应用除聚焦一般的技术和应用风险治理外，还需要明确控制模型输出内容符合社会价值和法律法规的底线。

对生成式AI大模型金融应用的监管需要综合考虑技术、法律、伦理和行业特点多方面的因素，明确定义金融业生成式AI大模型应用的风险和底线，推动数据隐私保护，责任追溯等机制的建立，通过开展模型审查和合规检查、用户参与反馈等手段，引导行业控制数据隐私泄露、模型偏见、透明度不足、风险管理不全面等行业应用风险，以确保生成式AI的安全和社会价值底线。

三、构建负责任AI大模型行业治理体系的探索

（一）构建负责任大模型金融应用的多元责任体系

金融业推进负责任的生成式AI大模型行业应用势在必行，但不能仅停留在对原则、规范的探讨层面，需要各个责任主体的合作和参与，共同探索出一条符合我国金融业服务特色的负责任的生成式AI大模型应用之路，真正赋能金融业。

负责任AI大模型的多元责任体系是指在开发、部署和应用大型人工智能模型时，涉及的各责任主体建立相互协作机制，每个主体履行其责任和义务并相互协作，确保模型的开发和应用都能够合理、负责地进行，实现技术创新和社会价值的最大化。

厘清大模型金融应用的**多方参与主体**，确定其在产业链上控制和影响范围；基于**多层次责任划分**，建立行业主管部门主导，多方服务提供者参与，服务使用者响应的协作责任机制；通过全面覆盖多方面责任内容的**多维度责任体系**，界定各方责任或共享责任。

表2　生成式AI大模型多元责任体系中可能涉及的多层次协作责任

责任主体	治理层次	协作责任
政策制定者和监管机构	监督管理	○法规责任：制定和执行相关法律法规，保障模型的合法性和合规性。 ○监管责任：监督模型的开发和应用，确保其不会对消费者、市场和社会产生负面影响。
开发者和研究人员	产业支撑	○技术应用责任：确保模型的技术可靠性、健壮性和安全性。 ○数据应用责任：选择和处理数据，避免引入偏见、歧视性和错误信息。 ○透明度和可解释性责任：确保模型的决策过程透明和可解释，方便用户理解。 ○公平性责任：设计模型时考虑公平性，避免对特定群体的不平等影响。
金融服务机构	行业应用	○数据管理责任：确保数据的准确性、合规性和隐私保护。 ○风险管理责任：评估模型引入的潜在风险，采取措施进行风险管理。 ○合规性责任：确保模型的开发和应用符合适用的法律法规和监管要求。
用户和消费者	行业应用	○隐私责任：了解模型使用其个人数据的方式，并对其隐私做出知情决策。 ○安全责任：保护个人账户和信息，避免被恶意利用。
独立机构和第三方审计	服务保障	○评估责任：独立机构可对模型进行评估，确保其符合规定和最佳实践。 ○透明度责任：为公众提供模型的独立透明度审计，促进信任建立。

表3 基于共享责任和单独责任构建的多维度责任体系

责任主体	监督引导	安全可控	隐私安全	数据保护	应用质量	知识产权	公开透明	合法合规	合乎伦理	可问责
政策制定者和监管机构	●									
技术产品提供者	◎	●	●	●	◎	●	●	●	●	●
大模型运营服务者	◎	●	●	●	◎	●	●	●	●	●
金融应用服务提供者	◎	●	●	●	●	●	●	●	●	●
服务使用者	◎	◎	●	●	●	◎	●	●	●	◎
独立机构和第三方审计	◎	◎	◎	◎	◎		●	◎	◎	●

注：◎共享责任：确定责任范围和程度时，需要考虑其他关联方责任的影响。

●单独责任：独立承担责任，不受其他方责任影响。

（二）构建负责任大模型金融应用的分层治理体系

1.分层治理机制

生成式AI大模型金融应用治理涉及庞大而复杂的技术产品和服务，众多行业分工的参与者，服务内容和形式涉及多个行业管理部门的监管职责，避免重复监管和过度治理是构建分层治理的根本原因。金融业内负责任大模型分层治理需要聚焦大模型及其金融服务的安全可靠、保护隐私、善治伦理等方面，按照模型的规模和用途等构建基础大模型、金融应用大模型（微调/调优）、金融应用服务三个治理层次，根据其特点和影响采取适当的治理方法和策略，以确保模型的发展和应用符合伦理、法律、社会标准和行业应用要求。

基础大模型通常指通用的大型AI模型，如GPT-3、BERT、文心一言等，这些模型多数是通用性质的、面向多领域的大模型，往往由科技巨头或科研机构等技术和资源雄厚的机构研发。对基础大模型的治理，应该主要依托国家的总体引导及产业部门的监督管理，金融业服务机构作为产业下游技术和产品应用方，主要依据行业服务特点聚焦如下方面。一是确保模型的研发过程透明，公开相关文档和信息，以便评估模型的设计原则和方法。二是确保训练数据经过审查，避免引入不良内容或偏见，确保模型不会强化社会不平等。三是要求基础大模型能够提供决策的解释，以便用户理解模型的推理过程。四是制定明确的道德准则，确保科技公司的产品和服务符合道德标准。

金融应用大模型是针对金融行业开发的大型AI模型，或是在基础大模型上开展领域训练获得的，具有金融行业的定制化特征。行业大模型通常会有更具体的应用，治理要求可以更加细化，更适合金融业的管理部门和金融业服务机构落实行业治理要求。通过制定金融行业的规范和准则，确保模型的设计和应用满足行业标准。在金融业大模型中，数据的合规性和隐私保护尤为重要，要确保使用的数据符合金融业相关法规。引入领域专家参与模型的设计和评估，以确保模型在特定领域中的有效性和可靠性。

金融应用服务是基于大模型构建的具体应用，如金融智能助手、智能投顾系统等。治理应用服务需要考虑用户体验和社会影响，金融业服务机构在行业管理部门指导下，发挥治理的主观能动性，建立用户反馈和改进机制，收集用户意见和反馈，用于改进应用服务的性能和用户体验。定期监测应用服务的行为，确保其不会产生有害影响，如传播虚假信息。保护用户隐私，明确数据收集和使用的目的，并遵守隐私法规。

分层治理可以根据具体情况和需求进行调整，以最大限度地平衡技术创新和社会责任。此外，根据不同层次的模型及其应用进行综合考虑，形成行业统一的评估规范和评价基准，通过自查自评、三方评测、监管检查等多种形式实施，以确保模型的负责任开发和使用，促进生成式AI技术行业应用的持续健康发展。

2.分类分级治理机制

生成式AI大模型将助力金融业服务机构数字化转型升级，重塑现有业务流程、改变产业格局，机遇和挑战并存。金融业内，推进负责任AI大模型金融应用治理工作，需要聚焦在金融应用大模型和金融服务应用层面上。丰富的金融应用场景不应该采取一刀切式的治理方式，建立金融业大模型及其应用的分级分类管理和评估机制，将最大限度地节约投资、高效地控制技术和应用风险，同时更好地促进创新。关于金融业大模型的分级分类，除将"模型能力"作为分级分类的考量指标外，还应考虑不同金融服务场景的风险管理差异性等特点。

金融业内，针对大模型的分类和分级可以基于多个维度，如模型的应用领域、复杂性、数据来源等。以下是可能的金融业大模型分类方法，供参考。

表4　金融业大模型分类方法

分类方法	分类名	说明
模型应用领域分类	风险管理模型	用于评估金融机构的风险暴露，并帮助制定风险管理策略。
	投资决策模型	用于分析市场趋势、预测资产价格，帮助投资者做出投资决策。
	信用评估模型	用于评估个人或企业的信用风险，影响贷款批准和利率设定。
	市场分析模型	用于分析金融市场、预测市场走势，对投资者和交易员有指导作用。
	客户服务模型	用于提供个性化的金融产品推荐和服务，改善客户体验。
复杂性和规模分类	基础模型	通用性较强，用于一般金融预测和分析，复杂性相对较低。
	复杂模型	针对特定金融领域进行优化，如风险管理、投资决策等，复杂性较高。
数据来源和范围分类	内部数据模型	基于金融机构自身的交易和客户数据进行建模，用于内部决策和服务优化。
	外部数据模型	利用外部数据源（如市场数据、社交媒体等）进行建模，以获取更全面的信息，包括使用内部数据。
法规和合规分类	监管要求模型	需要符合金融监管要求，如反洗钱（AML）、知识产权合规等。
	非监管要求模型	用于市场分析、投资决策等，可能不受特定监管要求限制。

通过生成式AI大模型金融应用风险控制要求划分等级，是风险分级治理的通行方法，具体可将数据、算法等相关标准有机统筹，在不同领域和场景内叠加金融业规范要求，特别是基于个人隐私保护、数据安全、资金风险控制、投资风险管理等重点领域与场景的风险评估，结合国家和金融业的监管要求划分合理等级。金融业服务机构可以按照生成式AI大模型应用所归属的类别和风险等级，制定适当的治理策略，包括数据审查、模型评估、监控和透明度要求等。

（三）构建负责任大模型金融应用的推进路径

1.采用敏捷治理机制

正如国家新一代人工智能治理专业委员会主任薛澜在解释我国"发展负责任的人工智能"敏捷治理原则时提到："人工智能技术发展非常快，可预见性比较差，按常规程序治理有困难，比如立法很严格、耗时长，可能规则还没制定完，技术就已经改变了。"在确保金融业稳定发展的前提下，对于金融业应用的庞大、复杂的AI大模型，敏捷治理需要采取灵活、高效、协同、透明的管理和监督机制，以适应迅速变化的技术、市场、法律法规等多方面的挑战和需求。

金融业生成式AI大模型的敏捷治理机制，首先需要相关共同参与者形成跨领域的共识和协同合作。将金融服务场景相关的法律、法规、政策、伦理共识遵从机制融入大模型的开发、建设、部署、运营的全生命周期内。在技术评估、安全评估、伦理评估、社会影响评估等多方位多层次的监督和评估基础上，设立敏捷的决策机制和反馈机制，可以迅速响应技术进步、风险变化、公众关切等因素，并采取对应措施。公开模型相关的基本信息、技术原理、应用场景，鼓励信息共享，提高开发者和管理者的透明度，以加强社会监督和共同治理，强化公众对大模型的理解和信任。

2.采用循证治理机制

探讨负责任生成式AI大模型金融应用的治理，就必须正视当前大模型还处在发展初期和应用探索阶段的现状。依据方向性原则和规则等指导负责任生成式 AI 大模型行业落地实施，面临的真正挑战是将这些原则付诸实践，其应用的风险分析和处置还缺乏实践的充分验证。循证治理（Evidence-Based Governance）作为一种基于实证证据和科学研究的方法，可用于指导生成式 AI 大模型金融应用的治理活动。它强调利用可靠的、经过验证的数据和研究成果，以更明智和有效的方式来治理生成式 AI 大模型的金融应用、解决应用中出现的安全、伦理问题，确保提供安全可靠稳定的金融服务。大模型循证治理的核心理念是将科学方法和实证研究与策略制定和执行相结合，以便更好地满足生成式 AI 大模型支撑金融业服务需求和改善金融业大模型应用服务的管理水平，有助于减少主观性决策的风险，提高治理策略的效果和可持续性。

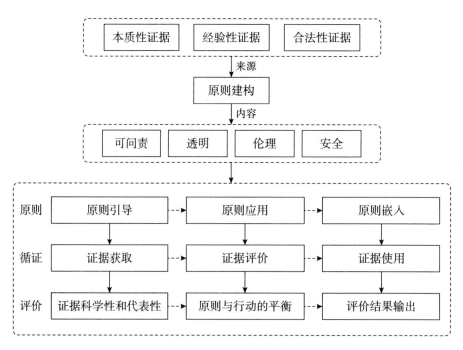

图 1　负责任 AI 治理原则评价循证逻辑

推进负责任 AI 大模型金融应用的循证治理是将循证治理的原则和方法应用于人工智能技术的开发、部署和应用过程中，使用实证证据和科学研究来指导决策和行动，以确保人工智能系统的发展和应用能够符合伦理标准、法律法规，以及社会和人类的期望。

推进负责任生成式AI大模型金融应用的治理路径，需要将安全、透明、可问责等原则引入作为审查依据，结合金融应用场景和任务要求提出具体审查问题清单。深度发掘行动与治理原则的冲突证据，提出原则遵循的最佳实践，树立原则执行的典范和标杆。最终治理评价和决策结果并非简单的基于证据的选择，而是由最佳证据、服务目标、行业管理要求综合评判的输出结果，并作为改进措施制定的依据。

3.多模型联合治理

除大模型自身具有多任务应用特性外，生成式AI大模型金融应用普遍存在与其他传统AI模型协作共同支撑金融应用服务的情况，例如数字人工智能客户金融应用往往将大语言模型与传统人脸识别、语音识别、语音合成等AI模型集成联动，最佳的应用效果需要多模型联合治理。多模型联合治理是指在AI领域中，针对多个AI模型，通过协同、协调和整合多方利益相关者的资源、意见和行动，共同管理这些模型的发展、应用和影响，以确保其满足负责任AI原则和社会期望。金融业实施多模型联合治理的关键，是成立由行业管理部门、企业、学术界等参与的多方合作的机构、委员会或联盟，共同制定和执行治理方针、原则和标准，组织跨领域的评估和审查，从多方面、多层次进行全面评估，设计多方参与的治理流程，确保不同利益相关者的意见和利益得到充分考虑，实现多方治理的共识，建立应急响应机制，在发生突发事件或模型出现问题时能够及时响应、协调和采取相应措施，降低潜在风险。多模型联合治理需要各方通力合作，形成一个协同、开放、负责任的治理体系，以实现AI模型的可持续、负责任和利于社会的发展。

中篇

大模型如何改变金融业

AI大模型在银行业的落地探索实践

吕仲涛

工商银行首席技术官

面对AI大模型浪潮下的新机遇与新挑战，工商银行基于全栈自主可控的基础算力，融入海量、专业、高质量的金融领域知识，依托业界领先的理解、生成、推理、记忆、仿真、学习、调控等七大技术能力，创新打造自主可控、全栈布局的AI大模型技术体系。面向远程银行等重点业务领域，形成端到端智能化解决方案，实现千亿级AI大模型技术在金融行业的率先应用，重塑业务流程场景，打造智能金融新生态。

一、AI大模型概况

（一）AI大模型的定义

国际人工智能权威杂志《自然－机器智能》将大模型定义为网络参数规模达到亿级以上的"预训练深度学习算法"。大模型通过海量数据的训练学习，具备了强大的语言理解和表达、思维链推理等能力，在文本图像理解、内容生成等细分任务领域表现出显著优势和巨大潜力。相较于传统人工智能算法一事一议的建模方式，大模型具备更强的通用能力，可处理多种任务，可较好解决传统模型的碎片化问题。**其特点可以总结为"三大一快"。"三大"**，指的是大模型基于"大算力+大数据+大算法参数网络结构"进行训练，实现通用、海量知识的预置。**"一快"**，指的是大模型通用能力强，各行业可在通用大模型基础上，直接使用或"站在巨人肩膀上"通过再次训练快速学会新知识，快速赋能业务应用。

作为一种复杂的神经网络算法，大模型的参数相当于人脑的神经元，参数规模越大，可容纳的知识越多，能力越强。大模型一般包括十亿、百亿、千亿甚至万亿参数，其中**千亿大模型开始呈现智能涌现，具备较强逻辑推理和生成能力，是业界主流研究方向**。

（二）AI大模型发展历程

人工智能的概念在1956年达特茅斯会议上被首次提出，后历经三次发展浪潮。其中，人工智能第一、二次浪潮是"小数据、单任务"范式的分析式AI，分别是"专家系统+机器学习"浪潮以及"深度学习"浪潮。上述两个阶段，人工智能技术均不能创造新内容。大模型催生了**人工智能第三次浪潮，开始向"大数据、多任务"范式的生成式AI迈进**，具备更强的通用性、理解和生成能力，加速通用人工智能走进现实，改变人类生产生活。

近段时间，以ChatGPT为代表的千亿级语言大模型的强大能力和优异表现引发业界广泛关注。其展现出的问题回答、文章撰写、文本摘要、语言翻译、计算机代码生成等服务能力，树立起**人工智能技术发展的新里程碑**，被业界认为是**通用人工智能技术发展的关键拐点。**

（三）国内外大模型发展生态

从 ChatGPT 诞生以来，国内外大模型发展浪潮持续高涨，形成算法研发、产品应用的产业链生态。但相较国际领先水平，国内大模型仍存在代际差距。**从算法生态来说，**目前最优秀的大模型是 OpenAI 的 GPT-4，这是一个多模态大模型，在很多领域专业和学术基准上表现出人类水平。国内各类 AI 公司也纷纷入局，已推出如百度文心一言、阿里通义千问、讯飞星火等产品，各有千秋。**从应用层面来说，**微软依托投资 GPT-4 红利，已在搜索、办公、安全等传统领域推出智能化产品。国内在应用层面仍处于起步阶段，有待进一步探索。

二、AI 大模型银行业应用价值

作为一种新型的人工智能技术，与传统模型相比，大模型具备强大的通用能力和智能创作能力，可以通过聊天交互模式，协助用户完成文案撰写、文档总结、代码生成等各类智力性和创造性工作，引领行业新变革。商业银行可以聚焦远程银行、基层网点等大基数员工群体共性需求，持续加大新技术面向全业务流程的综合化运用，形成端到端的业务智能化解决方案，全方位提升银行服务的工作质效。

（一）AI 大模型在远程银行客服领域的应用

在远程银行客服领域，银行业可以围绕远程银行中心客服团队，贯穿坐席通话前、中、后等全服务流程，聚焦对客服务中枢的运营团队、群体基数较大的人工坐席、工作量较为繁重的质检人员，重新定义该群体的作业和生产模式，赋能全业务流程的价值提升。**事前智能客服知识运营阶段，**可利用大模型自动完成数据标注等工作，助力提升智能客服分流质效。**事中服务客户阶段，**利用大模型打造来电诉求归纳总结、应答参考等功能，提升坐席运营效率，提升服务质效，压降通话时间。**事后质量检查阶段**，探索利用大、小模型融合应用方式，提升传统质检模型准确率。

（二）AI 大模型在智慧办公领域的应用

在智慧办公领域，大模型的文本生成、问答能力能够发挥重要作用，其围绕邮件、文档、会议、员工日常事务等方面，全面升级办公模式，优化办公工具的交互体验，助力员工的办公效率提升。比如会议纪要生成，根据会议对话内容，大模型快速生成会议纪要初稿，降低人工记录会议纪要的成本，助力商业银行办公领域智能化。

（三）AI 大模型在智能研发领域的应用

在智能研发领域，随着人工智能辅助编程技术的迅猛发展，研发体系正在加速向智能化转变，近年来，在人工智能技术的加持下，代码补全、代码生成、单元测试生成、代码缺陷检测等方向已涌现出成熟应用，促进软件研发效能大幅提升。

三、工商银行 AI 大模型实践

2017 年，工商银行启动自主可控的人工智能企业级平台"工银图灵"的建设工作，按照"统一算力、统一开发、统一资产、统一运营"的建设思路，实现对异构算力、异构引擎、异构算法的软硬件融合，建成低代码、可视化、一体化的 AI 工作站，打造了具备人格化身份的"数字员工"队伍，人工智能技术已经成为驱动数字工行发展的核心生产力之一。

近年来，AI 大模型技术的出现，正在重塑各行各业的工作模式和格局。工商银行积极把握 AI 大模型发展取得重要突破的历史机遇，开展 AI 大模型在银行业的探索与应用，从筑牢 AI 大模型基础技术能力、加速业务实际应用等两方面双向发力，推动AI大模型技术在工商银行数字化转型中发挥重要作用。

（一）筑牢AI大模型基础技术能力

工商银行采用"开源联创＋商用引入"相结合的方式，筑牢大模型基础技术能力建设。

一是建设适配大模型的新一代算力基建。大模型因计算复杂，在企业落地中，对算力性能、设备数量、机房基建等方面要求高。为满足大模型的庞大算力需求，工商银行从训练和推理两方面推进算力集群等基础设施的建设工作，为大模型落地试点及规模化应用提供资源保障。

二是构建大模型训练数据集。大模型训练需要高出传统模型所需数据多个数量级的数据集，业界尚未形成大模型数据准备方法及管理标准。借鉴业界大模型数据体系方法论，工商银行已逐步探索形成一套适合大模型的数据集采集、清洗、管理方法论，积累高质量训练数据，全面支撑大模型的二次训练、微调。

三是夯实大模型算法基石。工商银行携手国家实验室、头部科技企业等国家战略科技力量，采用产学研用联合创新模式，通过二次训练形成了千亿级金融行业大模型，具备理解、生成、推理、记忆、仿真、学习、调控等七大核心能力，初步完成百亿级大模型二次训练、千亿级大模型微调等基础能力的建设工作，初步具备代码智能生成、金融文档阅读理解等能力，在金融同业中率先实现AI大模型在网点员工智能助手、金融市场投研助手等数十个业务场景的实际应用，聚焦业务长期痛点难点问题，提升数字金融服务的精准度和效率。

四是打造安全可控的大模型。工商银行按照监管审慎原则，在大模型应用各阶段，打造安全可控的大模型技术体系，并严格落实国家有关要求，相关应用场景均不直接对客提供服务。**在大模型数据访问安全方面**，以私有化部署模式使用大模型，并结合知识检索等方式，控制大模型的数据访问范围，弥补大模型知识可靠度不足等问题，保障大模型的安全使用。**在大模型输出内容安全管控方面**，在大模型预训练、基于人类反馈强化学习阶段融入社会主义核心价值观、工商银行企业文化及金融从业要求，通过敏感词检测、非法数据过滤、人工审核等后处理安全手段，进行大模型输出内容安全管控。**在加强大模型的合理应用方面**，不直接对客提供服务，仅选择有一定错误容忍度的智力密集型场景，以人机协同方式提升相关业务的工作质效。

（二）加速业务场景实际应用

工商银行积极融入AI大模型技术发展所带来的新一轮产业革命，与产学研用各方开展深度合作，探索大模型在业务场景的实际应用。结合大模型强大的语言理解和创造能力，解决以往业务开展中的痛点及堵点，通过人机协同方式替代传统人工操作，提升业务处理效率与服务质量，已率先实现大模型技术在运营管理、远程银行、金融市场等8大业务领域的创新应用，**持续加大面向全流程的综合化运用，形成端到端业务智能化解决方案，落地一批业务价值高、示范效应强的应用场景大模型。**

一是聚焦远程银行坐席人员。 在坐席通话的前、中、后全过程中融合大模型能力，贯穿坐席通话前的了解诉求、通话中的解答问题、通话后的记录工单分别打造"前情摘要""知识随行""工单自动填写"等功能，功能上线后坐席服务效率提升18%。

二是聚焦20万网点员工。 打造网点员工智能助手，解决复杂业务网点员工办理难、专业术语难以向客户解释、网点员工不熟悉新业务流程等痛点，智能化生成便于员工理解的操作流程和术语解释，提升网点员工业务处理效率与服务质量。现已面向全行20万网点基层员工推广使用，问题解答准确率超86%。

三是聚焦金融市场领域。 重塑金融市场投融资的方案制定、交易执行、存续管理、风险监测等业务价值全流程，实现金融市场投研报告的智能生成，晨报生成时效从1小时缩短至5分钟，资讯覆盖面从十余篇扩展至全市场数百篇，报告生成采纳率达88.68%，为投研团队打造更加高效的决策辅助利器。

四是聚焦智能研发领域。 结合现有研发体系痛点，工商银行以大模型等人工智能技术为基石，持续实现人工智能研发助手在智能代码生成、代码识别与检测、代码转自然语言和交互式研发等领域的全方位能力突破，构建基于大模型的智能研发体系，覆盖包括需求、设计、编码、测试、发布的研发全生命周期，全面提升工商银行数智化研发水平，立足金融领域助力国内智能研发技术逐步走向成熟。截至目前人工智能编码助手已推广至全行4300多名开发人员，辅助编码超210万行，有效提升一线开发人员编码效率和质量。

此外，工商银行根据各专业条线业务需求，**总结沉淀形成五大应用范式**，为后续大模型在全行快速推广提供应用范例。

一是智能中枢（AI Agent）。 具备根据语音、图片、文本等多模态输入，以大模型为核心负责任务分解、规划、工具调用、内容整合等工作，结合应用API、插件等共同构成AI能力中心，实现多种能力的统一调度集成。

二是知识检索。 提供文档拆分、知识搜索、答案生成和溯源等功能，通过外挂知识库及时、可靠的专业知识，以及大语言模型强大理解生成能力，实现对海量专业文档的秒级知识获取。

三是智能搜索。 提供网站数据获取、信息搜索和汇聚、答案提炼和总结等能力，重塑搜索模式，提升搜索效率。

四是数据分析（ChatBI）。 提供对话式数据分析解决方案，帮助用户一句话实现报表查询、SQL生成、指标查询、图表绘制等，提升数据分析效率、降低数据分析门槛。

五是文档编写。 具备信息抽取、摘要、扩写和总结分析能力，通过大模型，围绕文档编写的各个步骤，建设各业务领域文档智能化编写可复用方案。

四、AI大模型应用风险和挑战

（一）AI大模型的伦理及安全风险

大模型本质是一个海量参数的深度学习算法，受制于当前模型黑盒、计算复杂度高、推理结果不可预知等因素，存在答非所问、应用成本高、科技伦理风险等方面问题。比如，大模型生成的内容中可能存在明显的宗教偏见、性别歧视等，有违社会伦理。有时候生成的内容看起来合乎逻辑，但其可能并非真实甚至是捏造的事实，存在非法利用、造谣等安全隐患。数据隐私保护也存在隐患，大模型训练数据来源于互联网、业务数据，这些数据可能涉及大量用户隐私，需要通过隐私计算、联邦学习等方式进行保护。

国家高度重视大模型应用安全，国家网信办联合国家发展改革委、教育部、科技部、工信部、公安部、广电总局发布《生成式人工智能服务管理暂行办法》，从适用范围、管控要求、鼓励导向等方面明确生成式大模型管理要求，旨在促进基于大模型的生成式人工智能健康发展和规范应用，维护国家安全和社会公共利益，保护公民、法人和其他组织的合法权益。

（二）大模型应用面临的机遇和挑战

虽然大模型有各类安全风险，但同样给银行业数字化转型带来新机遇。在这过程中，银行业需要应对数据、算力、算法、应用等诸多挑战。

一是大模型需要大数据。数据是算法训练的养料，数据的丰富度和质量对大模型的训练至关重要，只有经过大量数据训练，大模型才有理解能力涌现的可能。银行业要积极参与国家数据要素市场建设，强化数据要素整合应用能力，通过数据驱动，释放数据要素价值，加速银行业和企业大模型建设，加速推进银行业数字化转型。

二是大模型需要大算力。当前国内外算力市场面临着算力供给短缺、多厂商异构算力融合、国产AI生态不足等复杂情况，金融机构需要深化与产界各方的合作，来共同应对大规模算力部署和应用的挑战。

三是大模型需要大合作。银行业要加快探索引入业界通用的大模型技术的策略和实践，深化与产学研用各界合作，通过推进大模型算法在金融行业的应用实践，加快增强大模型能力，从而使大模型更好地服务金融行业。

四是大模型需要大创新。大模型要在金融行业深化应用，就需要探索形成一套面向金融行业的高标准、低门槛的金融行业金融大模型应用模式，来快速推进人工智能在金融领域的深化应用。

五、AI大模型银行业落地的思考与建议

（一）大模型落地的思路

关于大模型应用落地，目前业界尚无标准方法论，企业**可按照场景通用化、专业化程度，分别使用基础大模型、行业大模型、企业大模型、任务大模型。**四层模型训练数据规模和投入算力逐层递减，专业属性逐层增强。其中，基础大模型由于投入数据量大、算力成本高、算法难度大，由头部AI公司进行建设，虽然通识能力较强，但其缺少金融专业知识，对金融场景应用有限。

对于大型金融机构而言，因金融数据海量，应用场景丰富，可引入业界领先的基础大模型，自建金融行业、企业大模型，考虑到建设周期较长，可采用微调形成专业领域的任务大模型，快速赋能业务，比如工商银行前期和鹏城实验室联创，通过微调，率先实现了人工智能大模型在行业内的应用。**对于中小金融机构而言，**综合考虑应用产出和投入成本的性价比，可按需引入基础大模型或行业大模型并私有化部署，直接满足赋能诉求。

（二）大模型技术和传统模型的关系

工商银行经过5年多的建设，目前已经沉淀人工智能模型3000余个，包括传统机器学习模型、传统深度学习模型和大模型三类。**一是传统机器学习模型**

可解释性强，所以广泛用于欺诈交易预测、理财产品营销推荐等智能决策分析应用；**二是**传统深度学习模型广泛用于OCR识别、人脸识别、语音识别等感知识别类任务，有效提升劳动密集型工作效率；**三是**大模型，其计算复杂度最高，可解释性最低，具备的能力最强，经过探索实践，大模型可用于文本、图像等AIGC任务，提升智力密集型工作质效。从趋势来看，随着通用能力增强，大模型将逐步超越传统模型，但受制于计算复杂度高、可解释性差等问题，**短期内，大模型和传统模型会共存**，同时，大模型强大的语义理解能力使其可作为中控，将传统模型作为技能进行调用。

（三）推进大模型应用的工作建议

通过前期实践，大模型在文本、图像等领域的AIGC能力优势明显，但当前阶段并不成熟，仍存在科技伦理风险等问题。因此，短期内不建议直接对客使用，应优先面向金融文本和金融图像分析理解创作的智力密集型场景，以助手形式，人机协同提升业务人员工作质效。后续建议在如下四个方面加强建设。

一是场景方面，金融行业需持续加快千亿级大模型场景建设。大模型参数规模越大，可容纳的知识越多，能力越强。千亿大模型具备更强的逻辑推理和生成能力，可更好支撑存在大量逻辑推理、分析复杂的场景，如财务报告智能分析、金融人才智能招聘等。同时千亿级模型资源消耗是百亿级的2—4倍，因此在未来一段时间内是百亿和千亿搭配应用。

二是数据方面，需持续完善大模型数据工程建设。大模型的突破得益于高质量数据的发展，数据的高效处理方式是大模型成功的关键要素。随着数据集规模的增大，数据管理难度也在攀升，需持续提升大模型数据清洗的工程化能力，高效去除有害、非事实数据、非一致性数据，助力大模型训练数据质量提升，并从单一的结构化数据转向多模态的全领域数据。

三是工程化应用方面，需持续提升大模型工程化流水线能力，随着大模型参数规模的提升，训练过程所需的计算资源也呈现指数级增长，需要强大的计算能力来支持高效的分布式训练和推理。现有计算集群在进行大规模并行训练过程中，由于硬件故障等原因，稳定性仍存在较大问题，需提升训练任务失败时快速定位问题的能力，保障训练效率。

四是评测标准方面，需建立金融行业大模型评测标准体系。为保证大模型在各场景能力方面展现出优异效果，需建立一套全面、客观、高效的测评体系，并结合业界各方智慧与行内真实应用情况，制定一套符合自身的测评标准，保证对大模型的效果及安全状况进行全面测评。

在大模型的助力下，金融机构将不断提升人机协同智能化、经营决策智能化、业务流程智能化，赋能数字化转型。工商银行将与产学研用各方开展深度合作，把握生成式人工智能重大发展机遇，加快推进 AI 大模型在业务方面的广泛应用，全面提升金融服务质效，助力高质量发展。

银行如何拥抱AI奇点时刻——以ChatGPT为例

银行在构建知识体系时有必要将基于生成式AI技术与传统的知识检索技术结合起来，利用知识库技术的精准性修正模型幻觉，同时提供知识的原始出处。正如物理世界中问道于达人和到图书馆阅读是两种相辅相成的知识获取方式。

沈志勇

中国民生银行数据管理部总经理

近年来，随着高质量大数据的积累以及强大计算能力的支撑，人工智能（AI）技术迅速崛起，推动了银行业一系列产品和业务模式的创新。以ChatGPT为代表的大语言模型（Large Language Model，LLM）火爆出圈，引领了生成式AI（Generative AI，GenAI）的浪潮，在银行业展现出巨大的潜力与应用价值。各银行纷纷紧跟革新潮流，积极拥抱AI奇点时刻，迎接数字化转型的新机遇。ChatGPT这一现象级AI产品的"体"，也就是其内在基础GPT模型，是一种大语言模型（LLM），国内通常被简称为"大模型"。ChatGPT的"用"，也就是其"生成"对话的外在应用形式，是生成式AI（GenAI）在内容生成领域的典型应用。除了对话，GenAI在其他内容（如图、文、代码等）的生成上也有出色的表现。ChatGPT集大模型与生成式AI技术于一身，可归为**生成式AI大模型**，以下为行文简洁我们简称为**GenAI**，并通过**GenAI模型**和**GenAI应用**来区分其基础模型和场景应用。

一、生成式AI大模型的理解与建设

这一部分我们先通过举例对AI模型基本原理和范式进行介绍，解释**生成式**的含义。然后基于对GPT的训练过程介绍，为银行的相关能力建设提出建议。

（一）判别还是生成，是AI模型的两种基本范式

在数字世界中，事物被转化为数据形式，AI模型则通过数学表达式（函数）来揭示数据背后的规律和模式，进而预测未知情况。下面，让我们通过一个简单的例子来说明AI模型的运作原理。

如图1（A）所示，在坐标平面上分布了一些点（x，y），这些点代表了200个学生的身高和体重数据。通过肉眼观察，我们可以发现这些数据点大致分布在一条直线附近，这条直线的数学表达式为y=ax+b，这就是最简单的AI模型之一——线性回归模型。

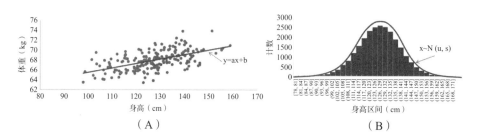

图1 （A）200个学生的身高、体重散点图；（B）20000个学生身高的分布直方图

在实践中，我们需要确定一个评价标准，并通过该标准选择"最合适"的直线。这个过程被称为**模型训练**，同时也是对参数a和b最优取值的**学习**过程。一旦我们训练得到了线性回归模型，就可以根据已知的某个学生的身高x来预测其体重y。这类模型描述了事物之间的关系，使我们能够通过已知信息判别或推断未知情况。在AI领域中，此类模型被称为**判别式**（Discriminative）**模型**。目前，判别式模型在银行业已经得到了广泛的应用。例如，在预测客户是否会违约或购买产品、识别扫描文档上的字符等任务中，银行采用的大多是判别式模型。

我们再来看一个更具挑战性的任务：在开学之前为学生们提前准备校服，由于各种原因，我们无法提前采集他们的身高和体重数据。在这种情况下，仅知道y=ax+b的关系是不够的，因为在这个关系中，x是需要已知的前提条件。

这个"无中生有"的挑战在现实中可以通过事先刻画学生身高x的大致分布来应对。例如，图1（B）展示了两万个学生的身高数据在每3cm的间隔上的统计计数。参照这个比例分布，我们可以为尚未见面的学生们提前准备校服，而不会出现太大的偏差。

这个身高比例分布可以被视为一种**通用知识**，简称**通识**。而用两万条原始数据来表示这个通识显然是不经济的。同样地，我们可以利用AI模型来精简刻画该通识。根据图中分布的形状，我们可以假设身高x在某个平均值u周围按照偏离幅度s分布。在数学上，我们用x~N（u，s）表示x的分布服从表达式N（u，s），后者的曲线形状见图1（B），这就是经典的正态分布。

我们可以将x~N（u，s）看作按照既定比例分布的"发生器"，用来"生成"学生的身高x，再通过y=ax+b得到对应的体重y，从而按需"生成"一批学生身高、体重的合成数据。类似x~N（u，s）这类可以无中生有"生成"数据的模型，在AI领域被称为**生成式（Generative）模型**。GPT模型就是基于语言类数据的生成式模型，其缩写中的G就来自于Generative。

相比前面例子里的传统AI模型，以GPT为代表的GenAI模型在参数规模和复杂度上有着天壤之别，它们的参数数量从个位数飙升到千亿乃至万亿级别。然而，GPT并没有突破AI模型的基本范式，基于对前面例子的理解，我们可以引申出以下关于判别式和生成式模型的论断，这些论断将作为GenAI技术运用方式的重要依据：

（1）GPT的生成能力来自通识。为了有效地生成数据，生成式模型需要具备事物的分布、事物间的关联等知识。在前面的例子中，为了**生成**准确的身高数据，我们利用两万条数据学习了学生的平均身高u等通识。那么对于同样是生成式模型的GPT，它是如何获取和存储所需的通识的呢？本章后续将回答这个问题，并解释GPT中P和T的由来。

（2）GPT压缩了海量信息。生成式模型的大小通常远远小于预训练所用的数据集。因此，模型通过参数和表达式刻画的通识可以被看作是对数据中所包含信息的压缩。在前面的例子中，我们仅用两个参数u和s，就代表了原来两万条数据所包含的信息，压缩率非常可观。GPT中**压缩存储**了海量文本中所包含的知识，理论上可以汲取人类所有已经产生的文本中的知识。从GPT中定向获取知识，也就是**解压缩**大模型中的知识，通常通过**提示词（Prompt）**来进行，形式上表现为带有一系列提示语的提问或要求。

（3）**生成式模型不能完全取代判别式模型**。生成式模型为了获取通识，通常需要付出巨大的额外成本。参考前面的例子，为了应对各种未知需求，可能需要对学生的身高和体重数据进行全面的统计刻画，这意味着需要大量u和s以外的参数。相比之下，判别式模型的参数较少、形式简单，所需的训练数据量以及运行成本也相应更低。根据奥卡姆剃刀原理，在纯粹的判别式任务（如预测、分类等）中，判别式模型在效果上也具有优势。因此，尽管生成式大语言模型展现了很强的通用性，但考虑到经济性和实际效果，判别式模型仍有其存在的必要性。

（4）**生成式模型可用来强化判别式模型**。无论是生成式还是判别式模型，如前面的例子，大多适用于数值类数据。因此文本类数据作为典型的非结构化的符号类数据，通常需要表达为结构化的数值数据再进行建模。GPT在对海量文本数据建模的过程中同样将文本词汇转换成了数值向量，这些向量中蕴含了复杂的语义关系，可以看作文本词汇经过优化的新的**表达（表征）**，因此这个过程在AI领域也被称为**表达学习（Representation learning）**。对于生成式模型而言，更好的表达意味着更优的生成能力。而对于判别式模型在非结构化数据上的应用而言，由GPT等生成式模型提供的更好的表达，也意味着更好的模型输入，可能带来更好的模型效果。

（5）GPT生成的不是真实数据。在前面的例子中，由生成式模型产生的身高和体重数据并不是来自真实存在的学生，而是**人工合成**的数据。当GPT将类似的人工合成能力应用在文本上时，很可能会出现语法上通顺但含义与客观事实不符的内容，这被称为模型的**幻觉**。在严肃的问答场景中，GPT的幻觉特性需要被修正；而在创意类场景中，这种特性则可以被利用。

（二）GPT模型是如何炼成的

ChatGPT的火爆出圈，源于它为人们提供了与人类间的知识问答体验相媲美的服务。而其背后的三代半GPT模型（GPT-3.5）的训练过程，与人类专业知识的培养过程有着异曲同工之妙。要获取知识，首先要解决如何存储知识的问题。如图2（A）所示，人类的知识存储于大量的神经元之间的网络连接结构之中。相对应地，人工构建的深度神经网络（DNN）则是通过大量的模型参数构建出的复杂结构来存储知识。其中，最成功的结构之一便是由谷歌提出的**转换器Transformer**，GPT中的T正是源于其首字母。

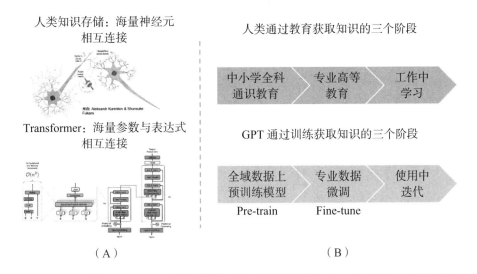

（A）　　　　　　　　　　　　　（B）

图2　（A）人类与GPT知识存储结构的对比；（B）人类与GPT知识获取过程的类比

　　接下去我们通过与人类类比来介绍GPT的训练过程，如图2（B）所示。人类知识的培养主要由教育赋予，大致可以分为三个阶段：阶段一是中小学时期，这一时期人们主要接受全学科的**通识**教育，学习基本常识和逻辑思维能力；阶段二是高等教育阶段，这一阶段的学习需要建立在阶段一所获得的知识基础和学习能力之上，知识内容也相对专业；阶段三是工作阶段，在工作中不断学习和掌握企业特有的相关知识。

　　我们来看GPT-3.5是如何通过层层训练获得知识的。整个过程和人类教育过程类比，也可以大致分成三个阶段：首先是在海量全领域数据上的**预训练（Pre-train）**，在大约45TB精心挑选的训练文本数据上，GPT-3.5对其大约1750亿的参数进行了**学习**，获得了被称为**世界知识**的通识，以及简单的**思维链（Chain of Thoughts，CoT）**能力；其次是**微调（Fine-tune）**以及由人辅助的强化学习（RLHF），在这个阶段中，模型得到了专业领域数据的训练以及人类专家的干预指导；最后一个阶段是模型在运行过程中不断发现问题并进行迭代优化。

在我国，最重要的考试莫过于高考，主要考察第一阶段中小学教授的基础能力。与之对应的是 GPT 的预训练（Pre-train）阶段，GPT 中的 P 即来源于此。Pre-train 同样也是 GPT 最关键、构建门槛最高的阶段。至此，我们已经解释了 GPT 的名字完整的由来，即**生成式预训练转换器**（Generative Pre-trained Transformer）。

除了 OpenAI 的 GPT，还有其他的 GenAI 模型，如 Meta 的 Llama 和国内智谱的 GLM 等，这些模型均可以作为 GenAI 的基础模型。接下来我们将介绍银行如何构建适合自己的 GenAI 模型底座。

（三）银行如何构建与使用生成式 AI 大模型

从前面介绍的 GPT 模型的预训练、微调和使用迭代过程可以看出，预训练部分是难度和成本最高的部分。根据 ChatGPT 公开数据显示，该模型训练所用的文本数据超过 45TB，这是一个非常大的数据量，相当于 4500 万本《红楼梦》。同时，模型单次预训练的算力消耗也非常高，即使利用 Transformer 可以并行计算的特性，构建大量高性能 GPU 卡组成的集群进行加速，也需要好几周的时间才能完成一次预训练，单次训练成本为数百万美元。因此，千亿级参数大语言模型的预训练过程并不适合一般银行开展，即使百亿级参数的模型的预训练也有相当高的门槛。

相比之下，GenAI 模型的微调和运行过程的成本要低得多。按照 ChatGPT 的介绍，GPT-3.5 微调所需的数据量仅为数万个文本。而运行所需的模型存储空间仅需 700G，计算量上也仅需一张卡就可以支持大约每天 5000 名用户使用。因此，对于大部分银行而言，储备适量 GPU 算力，从厂商引进经过预训练具备通识的 GenAI 模型，以行内自身的数据对模型进行微调后再使用是性价比较高的选择。这也是目前大部分银行采用的 GenAI 能力构建模式。

对于模型的选型，最直接的方式当然是在场景中试用，根据效果选择。在不具备试用条件的时候，我们可以通过考察对比厂商的能力来选择模型，建议关注算力规模、数据基础和NLP能力基础等维度。足够大的算力意味着厂商能对模型进行更充分的迭代优化与创新探索，而数据方面的积累与加工标注能力的重要性也显而易见。

在银行内部进行模型的微调时，需要对自有数据进行治理和归集，组织业务专家精心标注，还需要AI算法专家指导整个过程。除了利用微调将行内知识注入GenAI模型外，在使用过程中也可以通过技术手段让模型形成回答行内知识的能力。例如，可以利用提示词工程简化模型的使用，通过预设大量行内特定领域的提示词引导模型的回答。此外，传统的知识库技术，如向量知识库，一方面可以辅助提示词工程，另一方面也可以用来修正模型的幻觉问题。

二、生成式AI大模型将为银行带来新机遇

根据麦肯锡在2023年6月发布的名为《生成式人工智能的经济潜力》的研究报告，银行业、高科技和生命科学等行业可能会受到GenAI的最大影响。以ChatGPT为代表的GenAI应用技术因其广泛的适配性和良好的应用性，为客户带来了更多的智能化便利和体验，从而促使大量企业开始真正将GenAI视为核心能力，并探索将GenAI全面嵌入业务流程的可能性。本章接下来将从提高生产效能、重塑知识体系和优化用户体验三个方面阐述GenAI为银行带来的新机遇，从而解答GenAI在银行中如何应用的问题。

（一）生成式AI将提高银行的生产效能

GenAI是智能化革命推动下的技术红利，同时也是推动数字生产力发展的重要力量。微软CEO萨蒂亚·纳德拉认为，对于知识型工作者来说，这将是一场工业革命。高盛报告预测，全球将有3亿个工作岗位最终会被AI所取代。GenAI卓越的内容生成能力将极大地降低内容生产的门槛和成本，有望引发一

场接近零边际成本的自动化内容生产。在银行领域，GenAI可以生成的内容包括办公文本、对话、营销文案和软件代码等，具体如下。

（1）办公文件撰写：GenAI可以帮助更快地完成结构化程度与人力成本高的工作，例如监管统计报告、反洗钱尽调报告等的初稿撰写，从而降低人力成本。此外，还可以构建常用文档编辑办公工具的辅助能力，提升案头工作的效率和体验。

（2）智能客服/数字人：通过GenAI技术，可以实现从"售后服务"向"在线陪伴"的转型，进一步优化智能外呼和智能客服的用户体验。同时，GenAI具有出色的上下文理解能力，引导式对话在营销、投顾等领域具有广阔的想象空间。

（3）营销内容生成：借助GenAI的内容生成能力，可以实现营销话术、营销文案等的自动化生产。短期内可以获得良好的品牌宣传效果，中长期来看，通过适当的人工审核机制，可以大幅度提高营销物料的生产效率。

（4）编程开发辅助：GenAI可以实现编程脚本或代码的辅助编写或纠错分析，从而提高开发人员的作业效率，为他们提供更好的生产工具。

银行中存在许多劳动密集型岗位，例如呼叫中心坐席和IT部门的软件开发人员。这些岗位的员工数量众多，且工作内容具有较高的同质性。GenAI带来的个人效率提升将转化为员工规模的缩减，从而降低劳动力成本，并将员工解放出来以承担更关键的任务。在文案写作类任务中，除了提高效率之外，GenAI还会对内容生成的质量产生正面影响。由于大语言模型具备广泛的信息来源，相较于普通人类，它们往往拥有更全面的知识，能够在写作过程中起到良好的提示作用。

在内容生成的应用中，GenAI可以分为**"副驾驶"**（Co-pilot）和**"代驾"**两种模式。在"副驾驶"模式下，机器只是起辅助作用，最终确认还是由人来进行；而在"代驾"模式下，机器则直接替代了人工。目前，GenAI的应用主要是"副驾驶"模式，但随着技术的发展，相信"代驾"模式将成为应用主流。

需要指出的是，可用作GenAI基础模型的不仅包括类似GPT的GenAI模型，还包括生成式对抗网络（GAN）等。由于篇幅有限，本章不一一展开介绍。随着GenAI相关技术的不断发展，其应用场景和效果也将不断扩大和优化，在银行未来发展潜力巨大。

（二）生成式AI将重塑银行内部知识体系

银行业有着庞大的组织机构，其业务内容相当复杂。随着数字化转型的推进，银行内产生了大量的知识类信息。然而，这些知识的存储、传递和获取面临着巨大的挑战。目前，许多银行已经建立了自己的知识库体系，但这些系统通常只是简单地收集、整理和存储知识，缺乏有效的知识分类、检索和利用功能。因此，当银行员工需要获取相关知识时，他们常常需要从大量的信息中手动筛选，这浪费了大量的时间和精力。GenAI的出现为银行的知识体系建设带来了新的机遇。我们先简要分析GenAI是如何改变传统的知识存储和获取模式的。在物理世界，知识的流传有两种主要的方式。在数字技术出现之前，印刷术是影响人类知识存储、传递和获取方式的最大技术革命。如图3（A）所示，知识被印刷成书籍并集中在图书馆中，需要知识的人通过寻找和阅读书籍来获取知识。为了方便读者，图书馆会编制目录索引，而书本上也会提供目录以便定位内容。物理世界另一个更加便捷的知识传播途径是通过那些知识丰富的人，他们通常博览群书，消化、吸收其中的知识后进行传授。这种方式的缺点是知识的原始出处较难获得，传授过程中也会夹杂着主观观点，而优点是除了方便，主观的知识加工过程也是创新的源泉。

在数字世界，如图3（B）所示，随着数据库、万维网络等数字技术的出现，人们能够更加方便地连接和集中知识。然而，这也导致了信息爆炸，因为无穷无尽的知识反而变得不如没有知识。很快，仅依靠分类目录式的黄页已经无法满足人们对知识需求的多样性、准确性和时效性的要求。因此，知识库等更加专业的知识管理系统，以及搜索引擎、推荐系统和问答机器人等知识检索服务应运而生。这些数字技术能够集中并处理全球各地的知识，提高了知识传播的数量和效率。然而，它们并没有突破图书馆模式，仍然停留在原始知识的定位、搬运和原样重组层面，与由知识丰富的人对知识进行消化吸收后传授的模式还有一定距离。

与传统的知识管理和检索技术不同，GenAI更加接近一个知识丰富、博览群书的人汲取和传播知识的模式。它基于大量人工神经元的联结关系存储知识，并根据提问回答对应知识［见图3（C）］。整个过程将传统的数字化知识流转框架，即原始知识的管理和索引相结合的技术，替换为一个通过在原始数据上预训练得到的GenAI模型。这样在架构上更为简单，某种意义上可以降低知识体系构建的难度。GenAI还可以在所用模型不同的训练阶段注入通识、行业知识和企业本地的知识等，对多元化知识"兼容并包"，提供对答如流的服务。另外，基于提示词的知识解锁方式支持多轮对话式的交互，如新员工可以提出"帮我找到适合数据新手的课程"的需求，手机银行客户可以在APP上输入"帮我找到符合我风险评级的理财产品"等，从而为用户提供自然而友好的体验。

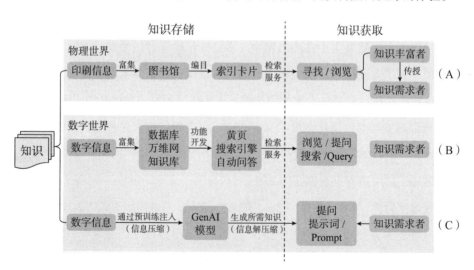

图3　知识存储与获取模式的对比

对于知识获取的需求，GenAI模型的幻觉问题主要起负面作用，而且在很多情况下，获取知识的原始出处也会包含在需求中。因此，当下银行在构建知识体系时有必要将基于GenAI技术与传统的知识检索技术结合起来，利用知识库技术的精准性修正模型幻觉，同时提供知识的原始出处。正如物理世界中，问道于达人和到图书馆阅读是两种相辅相成的知识获取方式。

（三）生成式AI将优化银行客户的体验

GenAI对银行客户体验的优化是以提高生产效能和重塑知识体系为基础的。对于金融客户来说，最本质的体验要求是能够满足他们的金融需求。然而，满足金融需求前，客户需要能够及时获取金融产品和服务的信息，并准确了解这些产品和服务的相关知识。

金融产品和服务具有专业性和复杂性，这导致了信息的模糊。部分金融产品和服务甚至存在刻意加重信息模糊的行为。随着交易的线上化，信息的分散性和碎片化使得银行客户获取信息和掌握知识的难度日益增加。因此，在满足客户的金融需求之前，首先要满足他们对金融产品和服务的知识需求。

以ChatGPT为代表的GenAI技术的火爆展现了人们热衷于通过趣味化交互获取知识。对银行来说，探索一种既彰显自身特色又迎合客户个性体验的智能交互方式是势在必行的。GenAI技术对银行客户体验的优化将体现在多个方面。除了以"副驾驶"的形式赋能远程坐席和一线客户经理外，长远来看，它还可以以"代驾"的形式在客户服务中的智能客服、信贷管理中的贷款审批、智能催收以及投资理财方面的智能投顾等领域发挥作用。近年来，银行业尝试推出的"数字人"技术，也将因GenAI技术而变得更加实用。

三、运用GenAI技术的挑战与风险

AI技术不断迭代和渐进式发展的同时不断表现出模糊性、复杂性、自主性和无法预测性等特征。这些特征使得AI既能够为社会发展提供革命性技术的支持，同时也可能给社会带来各种新的风险和问题。随着GenAI技术的迅速发展，

它所带来的社会焦虑一直存在。GenAI不仅存在技术挑战，还面临着应用安全合规风险。因此，银行业需要思考如何更好地拥抱以GenAI为代表的新兴AI技术，在国家有关部门和金融监管机构的指导和监督下，为金融行业的未来发展提供更广泛的生产效能提升、更完善的知识体系和更优质的用户体验。

（一）实施GenAI面临的挑战

其一，GenAI的经济性挑战在于训练、部署和运行过程中所需的计算和存储资源规模较大。根据国盛证券的估算，为了满足2023年1月ChatGPT日均约1300万独立访客的需求，运行方面需要3万多片高性能GPU卡。GenAI的高运行成本本质上是由生成式模型需要更全面的刻画数据分布所导致的。在实际工作中，可以通过优化资源配置来降低成本。虽然GenAI具有很强的通用性，但也应将类似欺诈识别、客户分群等分类决策任务更多地交给成本更低且效果往往更好的判别式模型来执行。

其二，组织协同方面的挑战在于GenAI体系的构建需要大量的数据准备、调试、评估、增强反馈和场景验证等工作，这些工作需要全行各个业务部门的密切配合。随着GenAI带来的生产效能提升和知识体系重塑等影响，势必会带来人员结构和数量乃至企业文化的改变。因此，银行需要将GenAI能力建设提升到企业战略的层面，而非仅仅将其视为一个技术基础设施，在组织和资源上做好充足的保障，并在心态上做好充分的准备。

其三，前面提到的模型幻觉问题也带来了挑战。生成的内容难以彻底避免偏见、歧视、诡辩、信息造假、色情、仇恨、敏感言论等不当内容。因此，需要在数据准备、模型训练以及输出结果的过滤上层层把关，做好内容生产的"安全围栏"。

（二）运用GenAI面临的安全合规风险

GenAI应用的安全合规风险主要包括以下三个方面。首先是数据安全风险，

GenAI模型的微调等本地化优化操作需要使用银行自有数据。为了避免包含客户敏感信息或银行核心资产信息的敏感数据集被输出，导致个人隐私泄露等法律合规风险，必须采取严格的数据保护措施。其次是法律及舆情风险，目前GenAI技术生成的文本文案一直存在知识产权风险，此类生成内容的知识产权保护还没有适用的法律文本。最后是结果欺诈风险，根据媒体报道，GenAI技术在短时间内被用于实现生成诈骗套路话术、泄露软件源代码、编写犯罪软件和指导网络攻击等不法行为。

随着GenAI技术在银行日益广泛的应用，对其合法合规性的监管显得尤为重要。国家有关部门以及金融监管部门已经或正在制定相关政策和法规，对银行的GenAI技术应用进行规范和引导。同时，银行内部也应建立内部管理制度，确保GenAI技术的合法合规使用。银行应充分了解其可能带来的风险，如数据泄露、算法歧视等，并采取相应的措施进行防范。只有这样，才能有效保障在使用GenAI技术时的合法合规，维护金融市场的稳定和安全。

四、总结

本章介绍了GenAI模型的基本原理和GenAI在银行的应用价值。总体而言，GenAI产业可以跟钢铁产业相类比，预训练GenAI模型的过程像**炼钢**。从卡内基时代开始人们就知道炼钢工厂越大越好，是一种集中力量办大事，而非遍地小高炉的生产模式。而GenAI在各个场景的应用好比**用钢**，应该更加多元化、市场化。应该充分发挥社会分工，围绕主流的GenAI模型供给，培育在各类场景与各个行业促进GenAI落地的生态。企业内部有条件的也可以配置相应的资源，因地制宜地构建GenAI模型和应用体系。当然，无论是**炼模型**还是**用模型**，安全合规生产都是第一位的，都需要在政府的指导和监督下有序进行。

生成未来：人工智能预训练大语言模型在金融风险管理的应用及展望

预训练大模型等新技术的到来，让未来的发展充满变数和机遇，一定有人弯道超车、后来居上，也一定有人被时代所抛弃，商业史上曾经发生过的故事，注定会在未来再次上演。

俞 勇

中国农业再保险有限公司首席投资官

在2023年众多科技趋势热点中，生成式人工智能（下称GenAI）无疑是年度明星技术。与传统AI相比，GenAI拥有四大核心优势——自动化、定制化、创造性和解释性。伴随着ChatGPT的横空出世，GenAI成为各行各业热议的话题。ChatGPT是最快达到1亿MAU（月活跃用户人数）的应用程序，在短短6周内就做到了，相比之下，Instagram花了2.5年，WhatsApp花了3.5年，YouTube和Facebook花了4年才达到同等用户需求水平。全球科技巨头纷纷下场，各行各业的领先企业已经开始积极应用GenAI。GenAI浪潮堪比昔日的移动互联网，将对全球经济和各个行业带来深远影响，迎来重大变革。根据Bloomberg Intelligence统计，2022年GenAI市场收入为400亿美元，预计2027年及2032年将分别达到3990亿美元和13040亿美元。

在国内，类似ChatGPT的生成式预训练语言大模型的出现也引发了各行各业的极大关注，其颠覆性的交互体验和强大的内容生成能力可能预示着人工智能新时代的开启。这种前沿技术使用的参数规模、算力和训练语料远超传统小模型，出现了"涌现效应"，同时将传统自然语言处理技术的各类任务处理能力统合到一个通用大模型当中，表现出令人印象深刻的逻辑推理能力。目前基于该技术的各类应用场景越来越多，模型的迭代速度越来越快，将重塑多行业全栈场景。根据前瞻产业研究院和中关村大数据产业联盟《中国AI数字展望2021~2025》预估，2022年GenAI中国市场规模约人民币660亿元，2020~2025年复合增速将达到84%，2025年GenAI中国市场将占全球市场规模（2170亿美元）的14%。

金融行业是典型的数据密集型行业，有着巨量的数据分析、预测、生成需求。传统AI模式意味着金融机构要开发大大小小的模型，持续迭代和投入大量的资源才能保障模型运转。GenAI是基于现实数据和动态规则来提供服务，灵活性大，不需要点对点的模型开发。金融行业作为数字化、智能化深耕的行业之一，也为预训练大模型的技术落地提供了丰富的应用场景（比如常见的任务流程自动化、用户互动、内容创作、代码编写等），特别是在金融风险管理体系的建设方面，预训练大模型将融合行业知识和数据用于风险的有效识别、精准控制和智能决策，提高金融机构控制风险的能力，催生金融机构全生命周期风险管理的新模式。

一、ChatGPT原理简述

人工智能正成为推动科技进步和社会变革的强大力量，智能手机技术、自动驾驶功能等多样的数字化工具展示着人工智能的威力，谷歌旗下DeepMind公司利用AI技术开发的AlphaGo在2016年击败围棋世界冠军引起世界的关注。人工智能的发展经历了若干阶段，从"规则型人工智能"（rule-based AI）到"判别式人工智能"（discriminative AI），最终演变到"生成式人工智能"（generative AI，GenAI），代表了人工智能在算法、学习方法和应用领域上的不断演进和创新。

大模型一般指参数规模达到亿级以上的深度学习模型。大模型作为一种复杂的类似人脑的神经网络，一般来说其参数规模越大，可容纳的知识越多，能力就越强。根据参数规模不同，可分为十亿、百亿、千亿甚至万亿参数大模型。千亿大模型平衡了百亿和万亿大模型优势，相较于百亿大模型，数据记忆能力更强，具备更强的逻辑推理和生成能力；相较于万亿大模型，性价比优势明显。因此，千亿大模型是近几年发展及应用的重点。

GenAI是传统AI（规则型AI和判别式AI）在2014年左右进化出来的产物。生成式AI和传统AI技术或分析工具的主要区别是能够生成通常以非结构化形式（如书面文本或图像）呈现的新内容。分析式AI大模型也叫判别式大模型，其原理是通过学习训练数据的历史规律，对未知数据进行分类或预测，一般用于处理文本分类等上下文较为简单的分析理解任务，典型算法如谷歌的BERT；生成式大模型通过学习数据产生的模式，更好地分析理解数据，并实现新样本内容的创造，可用于文章撰写、代码生成等内容智能化创作任务，典型算法如OpenAI的ChatGPT。GPT是大模型的一种形态，G代表生成式的（generative），P代表经过预训练（pre-trained），T代表变换器（transformer），它引发了人工智能生成内容（Artificial Intelligence Generated Content，AIGC）技术的质变。GenAI底层技术是基础大模型的人工神经网络，类似人类大脑中数十亿相互连接的神经元，人工神经网络[①]通过深度学习加以训练，在文本生成、图像生成和音频生成等领域取得了重大突破。生成式大模型相较于分析式大模型，其具备强大的内容生成和分析推理能力，实现了人工智能从传统识别分析到生成创造能力的跃迁，业界把此类能力称呼为AIGC，AIGC迅速成为业界应用热点。

目前，GenAI进入高速成长期，市场规模迅速增长，企业及个人潜在用户都对其功能期待很高。彭博数据显示，截至2023年第一季度，全球近400家GenAI行业初创企业获得了私募股权投资，涵盖GenAI价值链各个环节，包括基础模型、行业模型及不同模态的具体应用，其中OpenAI基于GenAI技术研发的聊天应用ChatGPT最为人所熟知，一经推出引起了前所未有的关注，ChatGPT的大众版仅两个月就吸引到1亿用户。它以史无前例的方式推动了AI的普及，已成为迄今增长最快的应用程序。

ChatGPT是由OpenAI于2022年底推出的一个聊天机器人，其底层模型是基于GPT-3.5的预训练深度学习语言模型（Pre-trained Language Model，PLM），用户不需要专修机器学习就可以开展交互、获取价值。只要会提问，几乎人人都能用，就像个人电脑或iPhone等其他突破性技术一样。实现这一切，依靠的是驱动生成式AI聊天机器人的基础大模型，它们是经由大量非结构化、无标签数据（如文本、音频等各类形式）训练的庞大神经网络。一款生成式AI平台可以衍生出许多应用程序，适用于各个年龄段和教育水平的用户群体，人们无论

---

① 1943年，心理学家麦卡洛克（Warren S. McCulloch）和数理逻辑学家皮茨（Walter H. Pitts, Jr.）建立了第一个神经网络模型，即M-P模型（又称"麦卡洛克-皮茨模型"或"MCP模型"）。该模型是对生物神经元结构的一种模仿，将神经元的树突、细胞体等接收信号定义为输入值x，突触发出的信号定义为输出值y。M-P模型奠定了支援逻辑运算的神经网络基础。1958年，电脑专家罗森布拉特（Frank Rosenblatt）基于M-P模型发明了包括输入层、输出层和隐藏层的感知机（perceptron）。神经网络的隐藏层最能代表输入数据类型特征。

身处何地，能够上网即可使用。从2018年6月OpenAI提出第一个GPT模型开始，经过多轮的迭代，目前公布的最新版本为GPT-4。其模型参数从GPT-1的数亿级到GPT-4的数千亿级，融合了指令微调和基于人类反馈的强化学习技术，在文本、图像等内容的理解和生成方面表现出色。OpenAI在2020年的研究表明，语言模型的效果与参数量/计算量呈现平滑的幂定律，即随着模型参数量、参与训练的数据量以及训练过程积累的计算量的指数性增大，模型的性能呈现线性增强，这也为后续不断增加模型复杂度提供了理论基础。

从算法生态来说，OpenAI的GPT-4是目前最优秀的大模型，这是一个多模态大模型（Multimodal-Large-Language-Models，MLLM），在很多领域专业和学术基准上表现出人类水平。近几年，比较有影响的大模型主要来自Google、Meta和OpenAI。除了OpenAI的GPT之外，2018至2023年Google先后发布对话程式语言模型LaMDA、BERT和PaLM-E。2023年，Facebook的母公司Meta推出大语言模型LLaMA，以及在MetaAI博客上免费公开大语言模型OPT-175B。国内各类AI公司纷纷入局，已推出如百度文心一言、清华GLM、阿里通义千问、讯飞星火、华为盘古等产品，各有擅长。在应用层面，微软依托投资GPT-4红利，已在搜索、办公、安全等传统领域推出智能化产品。国内在应用层面仍处于初步起步阶段，有待进一步探索。

从目前GPT-3.5的表现来看，其问答能力同时具备了更高的准确性、更强的适应性以及更好的通用性。而且大语言（LLM）模型出现了技术统合的趋势，几乎可以用一个大模型解决所有自然语言处理（NLP）子领域的问题，这对于一个技术体系甚至是一门学科都将是革命性的[1]。总的来说，ChatGPT具备以下几个方面的优点。

....

① 2023年9月25日，OpenAI在官网宣布，对ChatGPT进行重磅升级实现看图、听声音、输出语音内容三大功能。其实，早在当年3月OpenAI发布GPT-4模型时，就展示过看图的功能，但由于安全、功能不完善等原因一直没有开放。现在不仅开放了看图，连识别声音也来了，这是OpenAI实现AGI（通用人工智能）战略重要技术环节。

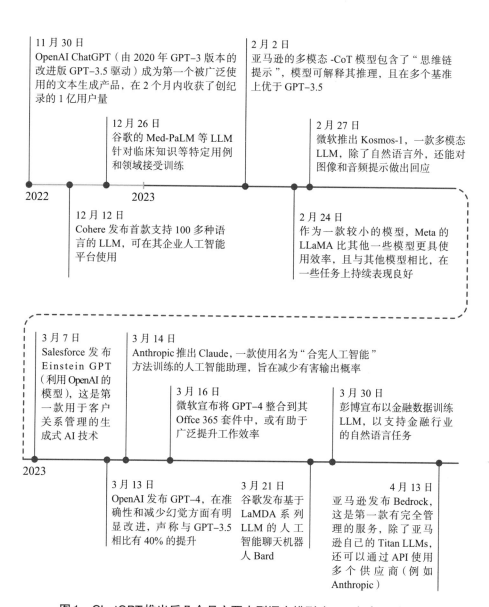

11 月 30 日
OpenAI ChatGPT（由 2020 年 GPT-3 版本的改进版 GPT-3.5 驱动）成为第一个被广泛使用的文本生成产品，在 2 个月内收获了创纪录的 1 亿用户量

2 月 2 日
亚马逊的多模态 -CoT 模型包含了"思维链提示"，模型可解释其推理，且在多个基准上优于 GPT-3.5

12 月 26 日
谷歌的 Med-PaLM 等 LLM 针对临床知识等特定用例和领域接受训练

2 月 27 日
微软推出 Kosmos-1，一款多模态 LLM，除了自然语言外，还能对图像和音频提示做出回应

2022　2023

12 月 12 日
Cohere 发布首款支持 100 多种语言的 LLM，可在其企业人工智能平台使用

2 月 24 日
作为一款较小的模型，Meta 的 LLaMA 比其他一些模型更具使用效率，且与其他模型相比，在一些任务上持续表现良好

3 月 7 日
Salesforce 发布 Einstein GPT（利用 OpenAI 的模型），这是第一款用于客户关系管理的生成式 AI 技术

3 月 14 日
Anthropic 推出 Claude，一款使用名为"合宪人工智能"方法训练的人工智能助理，旨在减少有害输出概率

3 月 16 日
微软宣布将 GPT-4 整合到其 Offce 365 套件中，或有助于广泛提升工作效率

3 月 30 日
彭博宣布以金融数据训练 LLM，以支持金融行业的自然语言任务

2023

3 月 13 日
OpenAI 发布 GPT-4，在准确性和减少幻觉方面有明显改进，声称与 GPT-3.5 相比有 40% 的提升

3 月 21 日
谷歌发布基于 LaMDA 系列 LLM 的人工智能聊天机器人 Bard

4 月 13 日
亚马逊发布 Bedrock，这是第一款有完全管理的服务，除了亚马逊自己的 Titan LLMs，还可以通过 API 使用多个供应商（例如 Anthropic）

图 1　ChatGPT 推出后几个月主要大型语言模型（LLM）发展时间线

资料来源：麦肯锡公司。

（1）ChatGPT 具有强大的自然语言理解和生成能力。它可以准确理解人类的问题，并生成流畅、自然的对话文本，能够较好地模拟人类的对话方式，甚

至能够对人类的提问提出质疑。

（2）ChatGPT可以学习不同领域的对话语料，并能够在这些领域中生成相应的自然语言文本。这使得ChatGPT可以应用于多种场景，如客服对话、纪要生成、研究报告解析等。

（3）由于ChatGPT具有记忆能力，它可以实现多轮连续对话，提升了用户在聊天过程中的体验。

虽然ChatGPT的出现带来了革命性的前景，但目前包括ChatGPT在内的所有生成式预训练大模型也还有不少局限性。

（1）**开发成本高**。训练模型需要庞大的计算资源和数据，完善模型需要大量人力，因而首款基础大模型的开发需要巨大的投资，要综合考虑应用产出和投入成本的性价比。OpenAI使用了数万台CPU和图形处理器（Graphics Processing Unit，GPU），并利用了多种技术，如自监督学习和增量训练等，对模型进行了优化和调整。2018至2023年，OpenAI实现大模型从GPT-1到GPT-4的五次迭代，从目前公布的资料来看，从GPT-1到GPT-3参数量从1.17亿增加到了1750亿，预训练数据量从5GB增加到45TB，其中GPT-3训练一次的费用是460万美元，总训练成本达1200万美元。而模型效果更好的GPT-3.5和GPT-4虽然没有公开具体的成本数据，但从技术特性以及OpenAI管理人员的表态来看，其开发成本只会更高。

（2）**企业使用成本高**。根据OpenAI创始人Sam Altman描述，ChatGPT单轮对话API调用平均费用在0.01 ~ 0.2美元。ChatGPT这样的工具，耗资巨大，OpenAI公司在2022年花了近5亿美元，算力方面投入4亿多美元，人力成本7000多万美元，仅一天电费就达到40万美元，做一次模型训练少则200万美元，多则超过1000万美元。即使能取代人工，从成本的角度考虑，短期内也不一定符合性价比。小冰公司大致计算过使用ChatGPT的成本，按照小冰公司所用框架当前的对话交互量，如果使用ChatGPT，那么每天的成本将高达3亿元，一年的成本则超过1000亿元。如果企业选择大模型的本地化部署，单次部署成本在数千万元，且后续还有各类维保更新费用。

（3）**准确性和逻辑性较弱**。ChatGPT在某些问题的回答上会出现致命性错误，输出看似有逻辑的表达实则为错误的信息。而正是这种看似有逻辑的表述风格，可能会误导使用者在缺乏知识背景的情况下将其回答视为"正确答案"，这也可能导致虚假信息的传播。同时，模型对相同的提问可能会产生不同的回答，使用户难以评估输出的准确性和可靠性，加上ChatGPT依赖拥有数十亿参数的神经网络，很难解释某个答案从何而来。

（4）**合规及安全存在风险**。金融行业受严格的法规和合规要求约束确保金融体系的稳定和透明度，GenAI技术应用于金融行业时，需考虑合规性要求，确保符合相关法律法规（如国家监管机构发布的对于数据安全的规定等）。GenAI训练数据和模型输出可能带来重大的知识产权风险，包括侵犯版权、商标权、专利权或其他合法受到保护的权利。ChatGPT产出的内容可能因训练数据中存在"抄袭"而侵犯知识产权，生成的内容在公平性方面会有伤人的偏见，换言之，ChatGPT训练使用的数据如未经过充分的授权，会存在法律合规风险。我国高度重视大模型应用安全，例如有针对AIGC工具的两部专门性立法[①]：《互联网信息服务深度合成管理规定》、《生成式人工智能服务管理办法（征求意见稿）》。国家网信办明确"利用人工智能生成的内容应当体现社会主义核心价值观"，并要求谨慎对客，同时对客场景需要统一报批。另外，由于目前大语言模型本地化部署成本极高，一般采用云服务的方式，这也容易导致数据的泄露，目前已经有一些国家和企业为了保证数据的安全发布禁用ChatGPT的规定。

---

① 在草拟中的还有：《信息安全技术生成式人工智能服务安全总体要求》《信息安全技术生成式人工智能预训练和优化训练数据安全规范》和《信息安全技术生成式人工智能人工标注安全规范》等。

表1 首批境内深度合成服务算法获得国家备案系统承认清单（2023年6月）

备案数	公司
1	出门问问、快手、北京三快、北京大麦、北京快手、北京智谱、图形起源、天猫、广州动景、广州音书、杭州拣直了、杭州菜鸟物流、淘宝、淘票票、深圳鹏中、网易、腾讯音乐、阿里巴巴·广告
2	百度、科大讯飞、美团、抖音、酷狗
3	腾讯、达摩院
4	钉钉、深圳闪剪

（数据来源：网信办）

（5）**隐私性瑕疵**。如果输入信息以某种可识别个人身份的形式出现在模型输出中，则可能引发隐私问题，ChatGPT还可能被用于创作和传播虚假信息、深度伪造等恶意内容，对某些特定群体和社区造成负面影响和危害。

二、生成式预训练大模型在金融业的应用现状及发展路线

GenAI的兴起推动行业格局改变，带来了可观的经济增长和价值。金融业是数据密集型的行业，也是数字化转型的先锋，对于生成式预训练大模型的开发和应用有着内在的需求，波及各个领域。大模型应用的制胜关键在场景与数据。场景方面，距离客户需求越近，对客户痛点洞察越清晰，越有可能做出客户认可的场景应用，建立场景飞轮效应。多家金融机构着手研究大模型，探索GenAI应用落地，比如5家国有银行发布2023半年报披露了GenAI大模型相关内容，研发的人工智能平台涉及计算机视觉、智能语音、自然语言处理、知识图谱、智能决策五大领域专业能力。同时，目前还有一些科技公司在这方面做了探索和尝试。

工商银行经过5年多的建设，目前已经开发人工智能模型3000余个，包括传统机器学习模型、传统深度学习模型和大模型三类，率先实现了人工智能大

模型在行业内的应用。工商银行通过联合鹏城实验室、清华大学、中国科学院和国内头部科技企业等，开发了人工智能金融行业通用模型。这一模型通过训练千亿级参数组成具备记忆和推理能力的深度神经网络，具备大算力、大数据、大网络结构等技术特点，可快速适配业务场景需求。该模型已被工商银行广泛应用于包括风险管理在内的多个领域。工商银行利用该模型实现了对工业工程融资项目建设的进度监控，提高了监控精准度并缩短了研发周期。该模型也能帮助提升信贷审批效率，通过智能提取期限、利率等核心要素，提高信贷审批的准确率。工商银行 GenAI 大模型能力建设持续提升风控智能化水平，加强工银融安 e 系列全面风险管理智能化平台建设，深化大数据、大模型应用，赋能业务发展。

度小满依托于百度人工智能技术，已经将预训练大型语言模型应用于金融风险管理。通过用文本数据构造的预训练模型以及 AI 算法，度小满能够将征信报告解读出 40 多万维的风险变量，更好地识别小微企业主的信贷风险，并将小微企业主的信贷违约风险降低 25%。随着模型的迭代，大模型在智能风控上的潜力将进一步释放。度小满接下来还将通过基于百度文心一言的大模型技术基座结合业务场景积累的金融行业知识和数据进行交互式训练，打造全新的智能客服、智能风控、智能交互服务。

2023 年 9 月 8 日，在上海举办的 2023 INCLUSION·外滩大会上，蚂蚁集团正式发布 GenAI 金融大模型和大模型全栈布局。通用大模型无法在专业严谨的领域直接商用，特别是金融服务对错误的容忍度很低，金融大模型要确保领域知识和专业逻辑的严谨性，才能真正落地带来产业价值。蚂蚁金融大模型基于蚂蚁自研基础大模型，针对金融产业深度定制，底层算力集群达到万卡规模。作为工业级垂直大模型，蚂蚁金融大模型聚焦真实的金融场景需求。蚂蚁集团旗下的网商银行研发的百灵系统，将 GenAI 模型应用于小微金融授信管理，通过 AI 图像识别等技术处理这些复杂、非结构化的数据，为客户匹配更适合的额度和利率，帮助小微经营者提升融资自主性。从原有的主动授信、单向供给的模式拓展为供给和需求双向互动模式，从根本上缩短客户需求和产品供给之间的距离。蚂蚁集团与金融机构合作的所有数字金融业务将全线接入这一大模型，助力合作机构数字化升级、智能化转型和风控核心水平提升。

彭博社团队使用专有的金融数据和公共数据集，创建了一个超过7000亿个tokens的庞大语料库，并基于此开发了一个500亿的参数模型——BloombergGPT。该预训练大模型能够从金融文本中分辨出情绪和观点，识别关键的金融元素，对新闻文章进行分类，为金融专业人士提供更好的决策支持。同时，BloombergGPT的应用可以帮助金融机构加强风险管理，有效保护客户的财富，提高生产力和决策能力。

不同的金融机构的人才资源、硬件资源、资产规模、技术积累等各有差异，因此在落地预训练大模型应用时应根据自身的禀赋条件选择最合适的路径。目前来看，主要有以下两大技术发展路线。

（1）以开源模型为基础进行自研

技术领域内的开源思想可以说是业内最伟大的思想，计算机领域能够发展至今日与之密不可分。Meta的首席AI科学家、AI三巨头之一的杨立昆（Yann LeCun）2023年9月在美国参议院接受质询时说，人工智能将成为一个通用平台，由于其通用性，如果希望它成为可以构建整个生态系统的平台，就需要实行开源。专有模型和开源模型都有其作用，但开源基础模型是构建活力四射的生态系统的基石。开源模型创建了行业标准，就像90年代中期的互联网模型一样。通过这种协作努力，AI技术会更快地发展，变得更加可靠、更加安全。虽然当前全球化退潮，保护主义抬头，但在计算机领域仍有大量的从业者坚定地走着开源路线，开源在可预见的将来仍然具备活力。目前开源的预训练语言模型有不少版本，参数规模从十亿到数百亿不等，可根据金融机构自身需要及硬件资源约束进行方案选择。

以开源模型为基础进行自研具有技术引入成本低、获取新技术速度快、自主可控性较强的优势，但也存在模型稳定性不足、对金融机构人员研发能力要求较高、高素质人员数量投入要求较多、开源版本与最强模型版本存在差距等劣势。

（2）采购商用模型进行定制化改造

与传统的金融机构系统建设方式类似，采购头部科技公司现成的大模型进行行内定制化改造和本地化部署。这一方式具有上线速度快的优点，能够最快地引入最先进模型的成果，且后续的维护具有较高的保障性。但其缺点也是显而易见，第一，投入的资金成本巨大，就目前了解的市场报价来看，采购最新版本大模型的成本均在千万元以上级别，但短期来看，可应用场景不多，成效较低。第二，后续迭代成本高、不灵活；预训练大模型迭代速度快，需要不断升级新版本，需要较大的维保成本。而且通过采购的方式，与原厂商捆绑紧密，当前AI赛道竞争激烈的背景下，很有可能不断有其他公司生产出更强版本，此时则很难转换。第三，不利于内部人才的培养和自身研发技术的积累，特别是当此类模型与越来越多场景进行融合时，自主可控的原则将受到很大的冲击。

以上两种技术路线各有优劣，在实际的推进过程中可采用较为开放的策略，结合头部科技公司的大模型版本迭代速度、开源模型的开放节奏、金融机构自身的资源约束、场景的应用深度和广度等，以自主可控为基本原则，采用开源自研与商用采购相结合的灵活方式。

三、预训练大模型在风险管理的应用场景分析

金融机构目前面临着来自信用、市场、操作和流动性等多种风险。利用预训练大模型的通用能力，结合大量行业知识和网络数据进行融合分析，可以挖掘和理解金融风险管理业务场景中的隐含信息。未来预训练大模型可以在以下场景进行深化应用，帮助金融机构以更加有效和及时的方式识别和减少风险，提高风险管理的效率。我们相信在大模型的助力下，金融机构会提升人机协同、经营决策和业务流程的智能化程度，更好地实现数字化转型，并最终赋能实体经济和人民美好生活。

（一）强化信用风险评估水平

传统的人工智能模型需要对不同业务产品和场景进行分别建模，并且只能使用相对较小的数据集进行训练，这导致了模型的准确性和可靠性不足。相比之下，如果把假设和海量数据对接给 ChatGPT，比如，地区人口、收入、经济、行业、家庭、消费等风险数据，借助 GenAI 强大的数据收集、处理与分析、总结能力，可以更好地完成市场需求把握、风险评估与定价等工作。具体而言，预训练大模型使用金融、商业、社会和自然语言数据等更广泛的数据背景知识进行预训练，可以快速处理大量的结构化和非结构化金融交易数据，同时通过征信报告、财务状况和行为数据等信息对客户进行信用风险评估。这种方法可以改变传统的金融产品统一定价的模式，根据每个客户的情况实现差异化定价，从而更准确地评估贷款和信用卡风险，加强早期预警信号检测，提高贷款效率，并最终降低信用违约风险。

（二）减少操作运营风险

当金融机构的操作流程存在人为错误或内部业务流程不完善时，就会发生操作风险，从而导致机构财务损失。为了应对这种风险，预训练大模型可以通过许多自动化流程取代手工流程，减少人为错误的同时提高工作效率。例如，大型金融机构可以使用预训练大模型自动化审批过程，减少手动输入和处理错误。同时，预训练大模型可以系统分析机构内部非结构化业务流程数据，以帮助机构预测和确定风险范围，并优化需要改进的业务流程，提高运营效率，大大降低因人为错误和内部流程不完善而导致的操作风险。

（三）提升声誉风险管理和应对能力

当金融机构在网络上发布信息时需要承担声誉风险，因为不当的宣传或错误的信息可能会引起客户的不满和不信任。预训练大模型可以帮助金融机构降低声誉风险。一方面，机构可以使用预训练大模型对客户的投诉、社交媒体上的反馈，以及其他渠道中的文本数据进行情感分析和主题分类，从而快速了解客户的需求和反馈，进而改进产品和服务，降低影响声誉的风险。另一方面，预训练大模型可以用于对机构在网络发布的内容进行内容识别审查，以识别可能存在的声誉问题，从而规避潜在的声誉影响。通过这种方式，金融机构可以更好地管理声誉风险，增强客户信任感，提高品牌价值。

（四）提高监管合规风险管理水平

金融机构必须遵守严格的监管合规要求，否则将面临法律制裁、财务损失以及负面声誉。为了遵守国家和国际法规，金融机构需要审查大量数据文件，分析多个变量，并向相关机构提交准确的文件。预训练大模型可以自动化这些流程，并确保它们的有效性和准确性符合政府和行业有关数据报告、隐私和安全的规定，避免不必要的处罚成本。在内部合规方面，预训练大模型可以记录、监测和分析员工电话记录、电子邮件流量、作息时间卡等信息，识别和提醒内部人员潜在风险和不当行为，有助于金融机构实现合规监管风险管理的目标。

（五）优化智能投顾与风险决策流程

当今金融市场发展迅速，金融产品层次、交易策略和工具日益复杂，一般投资者难以跟上市场变化的步伐，专业智能投顾的服务需求逐渐增加。预训练大模型能够对金融文本进行整体认知和理解，消除人为的主观因素，提供客观的投资建议，同时也能不断演进和创新，减少对人工审核的依赖，给出风险警示和解决方案。对于金融机构的投行和量化投资部门，预训练大模型能够根据各种数据来源生成行业分析和风险报告，并根据机构提供的风险承受水平、收益目标和风格偏好等要求，利用智能算法和投资组合优化等理论模型，为机构提供最终的投资建议，并对市场动态进行资产配置再平衡决策，提高机构资产收益。

四、总结

在数字化浪潮中，以 GenAI 为标志的技术正引领着人类社会的巨大转型。随着 GenAI 的迅猛进展，它已经对社会结构、经济模式、政策制定以及投资策略产生了不可忽视的影响。GenAI 为金融领域带来了新的机遇和挑战，我们在追求机会的同时，需对 AI 的影响有深入的了解，做好风险评估，保持冷静的投资态度。GenAI 从实验性工具转变为商业引擎，运用它为企业实现丰厚的投资回报，要先解决一大批问题，包括：确定 GenAI 在组织中有哪些具体机会、治理和运营模式应该是什么、如何最好地管理第三方（云和大语言模型提供商等）、需要具备哪些条件才能有效管理各种风险，并理解该技术的影响，清楚如何在实现短期收益与奠定大规模应用所需的长期基础之间找到平衡，这些是释放 GenAI 真正重要价值的关键。针对可能出现的新风险以及新机遇进行全盘、深入思考，理解其本质，对于促成 GenAI 以负责任的方式实现增长、有效提升生产效率至关重要。

预训练大模型是目前面向通用人工智能领域最具前景的技术，也为金融市场的洞察和预测提供了广阔的想象空间，拓宽了金融行业人工智能应用的边界，从而加速金融行业数智化升级。预训练大模型的可迁移性和可定制性也为金融机构提供了更大的灵活性和自主性，金融机构可以根据不同的场景和需求进行定制化模型开发和应用。以大规模的预训练语言模型作为基础设施，与其他科技手段相结合将成为金融风险管理领域中不可或缺的技术手段之一。未来随着数据量和算力的不断提升，预训练大模型将从全生命周期自动化的方向出发，利用其强大通用性人工智能生成和理解能力，从不同数据源中自动抽取关键信息并进行知识融合，帮助金融机构更好地理解和分析风险事件的影响并形成有效智能决策，彻底改变人机交互模式，从而提高风险识别和风险管理的精度和效率，降低金融机构的风险水平，实现金融机构更加稳健和可持续的发展。

中国在金融业数字化上已经形成了全球的竞争力。预训练大模型等新技术的到来，让未来的发展充满变数和机遇，一定有人弯道超车、后来者居上，也一定有人被时代所抛弃，商业史上曾经发生过的故事，注定会在未来再次上演。我们要拥抱时代、拥抱科技、拥抱变化。把握趋势，生成未来！

大语言模型在银行财富管理领域的应用

09

大语言模型可以解决商业银行在财富管理领域的诸多痛点问题，比如覆盖长尾客户，可以对规模庞大、维度多样、瞬息万变的金融市场数据开展全面、深入的分析，并能根据不同客户风险偏好、投资策略提供高效、个性化定制服务。

吴永飞 [1,3]

宁　冰 [1]

叶广楠 [2]

刘　森 [2]

王彦博 [1,3]

陈志豪 [1]

陈　生 [3]

杨　璇 [3]

1.华夏银行股份有限公司
2.复旦大学
3.龙盈智达（北京）科技有限公司

由OpenAI推出的ChatGPT能够学习和精准理解人类的语言，并以接近人类的智能水平进行对话和互动，引发了全球广泛关注。本章基于开源预训练大语言模型，面向银行应用领域中的财富管理场景，通过输入个性化数据及微调模型，开展商业银行私有化大语言模型应用研究，以期为金融行业广泛落地部署大语言模型及相关应用发展提供借鉴。

一、人工智能与AIGC发展回顾

全球人工智能发展经历了三次大繁荣，分别是：20世纪50年代至70年代，以1956年达特茅斯会议为标志事件，符号主义和逻辑推理为主要研究内容的第一次人工智能浪潮；20世纪80年代，以特定领域"专家系统"实现人工智能实用化，以及"专家系统"所依赖的知识库系统和知识工程为研究方向的第二次人工智能浪潮；20世纪90年代至今，以基于统计学习方法的人工智能算法，以及图灵奖得主、深度学习先驱Geoffrey Hinton于2006年提出的深度学习算法并推动人工智能在多个领域超出人类水平为主要脉络的第三次人工智能浪潮。

进入21世纪，大数据和大算力为人工智能应用提供了更加强大的支撑，以生成对抗网络（GAN，Generative Adversarial Network）为代表的深度学习算法在诸多理论和实践上加速突破，生成式人工智能（AIGC，Artificial Intelligence Generated Content）迎来爆发期。AIGC通过人工智能算法自动或辅助生成创作和修改编辑文字、图像、音频、视频、代码、模型等数字内容，形成了新型数字内容生产方式。其中，ChatGPT对话机器人作为AIGC模式下的产物，是以GPT为主要框架的人工智能大语言模型，是迄今为止最接近通用人工智能（Artificial General Intelligence，AGI）的技术，开启了由弱人工智能到强人工智能的阶跃，将为人类社会带来深刻的变革和深远的影响。

二、以 ChatGPT 为代表的大语言模型技术发展

（一）业界发展动态

以 ChatGPT 背后技术为代表的人工智能大语言模型正在催生新一轮人工智能浪潮，在全球范围掀起人工智能大语言模型科技竞赛，科技巨头加快布局，生成式 AI 领域风起云涌。从 2018 年至今，OpenAI 先后迭代并推出了 GPT-1、GPT-2、GPT-3、InstructGPT、ChatGPT 和 GPT-4。微软、Google 等科技巨头加速跟进，其中，微软率先将 GPT-4 应用于 New Bing（新必应）搜索引擎，可更加精确地理解用户的查询需求，并提供与之相关的实时信息。与此同时，以百度、华为、阿里、科大讯飞、商汤为代表的国内人工智能领军企业加快大语言模型的研发和商业应用，并在 NLP、OCR、计算机视觉、语音识别等多个领域开展模型实践，构建端到端的全栈大语言模型技术应用能力。以复旦大学、清华大学为代表的高校科研机构，面向市场纷纷开源自主研发人工智能大语言模型，积极推动生态构建。传统云厂商基于在云计算领域多年积累的技术优势，优先构建基于大语言模型的智算基础设施，有望形成 MaaS（模型即服务）模式，并赋能产业，推动企业数智化升级，以期全面带动产业数字化转型发展。作为数据密集型行业，银行业一贯是先进科技应用的先锋军，以工商银行、农业银行、华夏银行为代表的商业银行纷纷探索人工智能大语言模型在金融领域各场景的应用落地。

（二）ChatGPT 的优势和特点

ChatGPT 基于大规模预训练模型 GPT-3.5 的强大语言理解和生成能力，引入 RLHF（Reinforcement Learning from Human Feedback）技术，它将人类的反馈纳入训练过程，为机器提供一种自然的、人性化的互动学习过程。从人类得到反馈，以更广泛的视角和更高的效率学习，从更专业的知识中学习并规范其价值导向。ChatGPT 模型技术，通过文本、代码、图像、视频等单模态和多模

态内容生成，形成高效率的数字内容生产方式，开启了数字内容生产革命，极大地提升了生产力；通过精准理解用户意图，调用已有的软件工具、算法模型和第三方服务，满足用户各类需求，形成更高效的人机交互方式，让人人都拥有属于自己的AI助手成为可能；通过高效的信息聚合和知识提炼，并结合专业知识库或搜索引擎，极大地提升了回复内容的准确性和实时性，有望形成新的知识表示、调用和获取方式，为信息搜寻和知识获取降本增效。目前，ChatGPT在知识问答、语言翻译、信息搜索、内容创作、代码生成、简单推理和数据分析等领域达到人类基本水平。此外，ChatGPT在金融领域表现出了广泛的应用前景，覆盖了风险管理、欺诈检测、财务规划、营销自动化、智能客服、增强知识图谱、提高客户活跃度及法律合规等众多应用场景。

（三）ChatGPT的局限性

尽管ChatGPT具有强大的语言理解和内容生成能力，但仍存在一些局限性，包括但不限于以下方面。

输出内容的可靠性有待进一步提升。ChatGPT输出内容仍会存在事实性错误，它本身无法核实数据来源的真实性，不具备验证引用数据来源的能力，可能会输出一些虚假或错误的信息，甚至是虚构的"幻觉"信息。此外，尽管ChatGPT技术具有极其优秀的语言"创造"能力，以及看起来极具逻辑性的"逻辑推理"效果，但ChatGPT的推理和生成答案依赖于"统计概率"方法，因此不足以准确地处理逻辑问题。不仅如此，如果没有灌入特定专业领域数据开展训练，ChatGPT在特定专业领域上的垂类应用表现难如人意。

模型伦理道德边界存在模糊空间。ChatGPT是基于现实世界的语言数据预训练而成的，若数据存在偏见和有害内容，或标注人员具有偏见，会导致模型输出带有歧视、偏见等违背伦理道德的有害内容。尽管模型开发者有意避免上述问题，但经过一些诱导或不当操作，模型输出有害内容仍有可能发生。

三、对人工智能大语言模型应用模式的思考

（一）人工智能大语言模型应用模式分类

ChatGPT背后的人工智能大语言模型技术将催生新业态，带来新机遇。在云计算时代，IaaS（基础设施即服务）、PaaS（平台即服务）和SaaS（软件即服务）帮助企业将业务更快地迁移至云端，实现信息化发展目标。在人工智能时代，MaaS（模型即服务）将向企业提供模型能力，支持企业和产业实现数字化转型及智能化改进。因此，将人工智能大语言模型快速应用落地，是赋能实体经济、便利人们生活及促进企业数智化转型的关键。

从企业实际应用人工智能大语言模型的方式来看，可以分为公有云模式和私有云模式。

公有云模式主要是科技巨头通过构建人工智能大语言模型基础设施向市场提供模型能力，实现MaaS（模型即服务），满足不同开发能力的企业和个人需求。具体而言，主要包括直接调用推理服务、模型微调服务、模型托管服务等方式。第一，直接调用推理服务。用户可以通过付费订阅等方式，直接访问通用大语言模型的核心推理能力，获得推理结果。第二，微调服务。用户可以根据自己的需求，使用一定数量的领域数据，在预训练通用大语言模型的基础上，以相对较低成本的方式训练出一个定制化的大语言模型。第三，托管服务。用户可以将预训练通用大语言模型或微调后的行业及专业领域大语言模型直接部署到云端。这样，用户只需要调用大语言模型，无须关心部署和管理的复杂性，同时保证了大语言模型的可用性、效率和一定的安全性。

私有云模式主要是出于对敏感信息和重要数据的保护以及合规的需要，企业将人工智能大语言模型部署于本地私有云，供企业内部用户使用。人工智能大语言模型构建要求极高的算力，非一般企业或个人能够承担。从建设成本和难易度等因素考虑，企业构建人工智能大语言模型主要包括但不限于以下三种方式：第一，合作部署。将模型服务商的预训练通用AI大语言模型私有化部署

本地，供企业内部使用。这种方式下，模型参数一般高达千亿级别甚至更高，具有较高通用智能，但建设成本较大，企业定制化需求难以直接满足。第二，"大语言模型+微调"方式。选用中等规模预训练人工智能大语言模型（百亿级参数或者更低）或将超大规模大语言模型进行剪枝、量化、蒸馏，并结合企业私有数据，对大语言模型进行微调，使之适用于具体垂直行业、领域和场景。第三，"预训练+微调"方式。企业通过大规模"预训练+微调"范式，从"0"到"1"自主构建大语言模型。该方式对企业算力成本、核心技术掌控力等方面要求极高。

（二）人工智能大语言模型应用模式的优劣势对比分析

人工智能大语言模型应用模式情况的对比分析详见表1。

表1　人工智能大语言模型应用模式情况对比分析

应用模式		数据安全	定制化	技术难度	模型规模	建设成本
公有云模式	直接调用	低	低	易	大	低
	微调服务	低	中	中	适中/大	中
	托管服务	低	中	中	适中	中
私有云模式	合作部署	高	低	易	适中/大	高
	大语言模型+微调	高	高	中	适中	中
	预训练+微调	高	最高	难	适中	最高

对商业银行而言，数据安全保护必须符合国家法律和行业监管要求，调用外部厂商大语言模型服务需要依赖AI模型服务商提供的安全保障，可能存在数据被第三方访问或窃取的风险。因此，商业银行应优先考虑以私有云模式推动人工智能大语言模型应用落地。其中，在"预训练+微调"模式下，大语言模

型的开发、训练、推理部署的门槛极高，通常需要超大规模算力进行模型训练，企业需要负担十分高昂的GPU等硬件成本，且技术难度大，存在较大实施与应用风险。而在"大语言模型+微调"模式下，考虑建设成本和技术复杂度相对可控，当前商业银行可优先考虑运用中等规模预训练通用大语言模型开展相应的应用落地工作。此外在合作部署模式下，私有化部署模型服务商的预训练通用AI大语言模型虽建设成本较高、企业定制化需求满足程度较低，但往往该模式下服务商能够提供相应的AIGC技术应用管理平台，可作为商业银行开展大语言模型应用发展的IT基础保障。

在私有云"大语言模型+微调"模式下，具体有两种可能的实现路径：一是通过对现有模型服务商的预训练通用AI大语言模型（一般是千亿级参数或更高）进行裁剪、量化和蒸馏，形成中等规模大语言模型（百亿级参数或更低），并结合本地数据进行微调。二是直接应用开源的中等规模预训练通用大语言模型，基于模型通用智能涌现现象和泛化能力，并结合多种垂直行业和业务场景需求进行模型微调及应用适配，从而构建面向垂类应用的大语言模型，以期摆脱传统AI能力碎片化、作坊式开发的束缚。

（三）对人工智能大语言模型GPU算力资源池化的思考

数字经济时代，如何在有限的资源条件下高效快捷地使用GPU算力服务人工智能应用，提升业务效率，创造更多业务价值，已成为业界关注的焦点。目前市场上主流的GPU虚拟化技术发展主要经历了以下三个阶段。

阶段一：简单虚拟化。将物理GPU按固定比例切分成多个虚拟GPU，如1/2或1/4，每个虚拟GPU的显存相等，算力共享。该阶段难以满足不同AI模型对于算力、显存资源的灵活需求，且该阶段GPU资源被限制在单个物理机上的容器或者虚拟机使用，资源仍是独占模式，无法进行动态调整。

阶段二：远程调用。重要技术突破在于支持GPU的跨物理节点调用，从而支持CPU资源和GPU资源的解耦。在该阶段资源池的范围从单个物理节点扩展到整个数据中心。由于支持GPU远程调用，AI应用可以部署到数据中心的任意位置；从另外一个角度说，GPU服务器可以向整个数据中心的任意位置提供异构算力。

阶段三：资源池化。其建立在前述两个阶段的基础之上，提供对于异构算力控制平面和数据平面的能力，具有全局资源池环境下的资源发现、资源调度、资源回收、异构池化管理、日志监控等数据中心级别的运维功能，让用户在单一界面就可以统一管理整个数据中心的异构算力资源。

所以最终GPU池化技术利用运行时的虚拟化实现将大卡转化成小卡，支持GPU细颗粒度共享，还能支持GPU资源的动态分配和自动释放，利用远程GPU功能打破物理服务器的边界，将GPU的管理和使用从单台服务器扩展到整个数据中心，实现了数据中心级GPU资源池需要的管理平面，能对整个数据中心的所有GPU统一纳管、统一监控、统一告警、统一运维。

（四）商业银行人工智能大语言模型应用建设

本章综合考量数据安全、定制化、技术难度、建设成本等因素，提出商业银行可优先考虑选用产生了涌现现象的中等规模预训练通用大语言模型作为私有云应用基础，结合垂类应用场景需求和数据进行微调，并集成商业银行现有的自然语言处理、计算机视觉、智能语音、知识图谱等多个AI核心技术能力，打造商业银行AI大语言模型能力体系，实现AI从"手工作坊"到"工厂模式"的转变，由此高效地进行模型生产与服务，赋能商业银行数字化转型与智能化发展。商业银行可基于开源大语言模型并辅以其他人工智能模型工具，面向银行应用领域中的财富管理场景，通过输入个性化数据及微调模型，利用SFT（Supervised Fine-Tuning）等微调技术在学习过程中融入了人类专家的知识和经验，提高智能体学习效率和性能，并利用Prompt Engineering相关技术在模型使用时限制领域知识范围，提升模型生成效果，从而成功打造并应用商业银行私有化大语言模型。

四、人工智能大语言模型在银行财富管理领域的应用探索

（一）银行财富管理需求痛点分析

商业银行在财富管理领域存在诸多痛点。一是从智能投顾视角看，财富管理专业人才匮乏。传统财富管理服务的门槛较高，商业银行能够为客户提供专业咨询和资产配置建议的专业人员较少，基于运营成本考虑，相关人员往往优先服务高净值客群，难以覆盖长尾客户。二是从智能投研视角看，传统数据分析和投研效率较低。多数理财顾问只能提供一些基础的产品介绍和推荐，缺乏对规模庞大、维度多样、瞬息万变的金融市场数据开展全面、深入、灵活、有效的分析，投研效率不高。三是从智能投资视角看，难以满足客户的不同风险偏好和差异化资产配置需求。金融市场的复杂化和多元化增大了资产配置难度，投资风险分析和投资策略制定等业务具有较高的专业性，且不同客户风险偏好、投资策略不尽相同，相关业务人员难以有效应对。

（二）大语言模型在银行财富管理领域的应用探索

面向智能投顾场景。一是应用于客户画像。商业银行私有化大语言模型通过分析客户的风险偏好、投资目标和资产状况等信息，生成与客户需求相匹配的资产池，通过与客户进行自然语言交互，大语言模型可以更好地理解客户需求，为客户提供个性化的投资建议。例如，理财经理询问大语言模型："请告诉我 50 岁、男性、工程师、月收入 2 万元的新客户会比较偏好什么类型的基金产品？"在此场景中大语言模型为特定客群给出针对性建议并提示投资风险。二是应用于投资知识普及。大语言模型通过智能问答系统，解答客户关于投资业务的疑问，提高客户对投资市场的认识和理解。通过与客户进行自然语言交互，大语言模型能够更好地理解客户问题，提供简单易懂的投资知识。例如，客户询问大语言模型："我觉得最近经济形势向好，想投资一些易受经济周期影响的行业，可否帮我罗列一下？"在此场景中大语言模型会罗列出受经济影响较大

的行业，并尝试给出各行业受经济影响的相关分析。三是应用于产品接续提醒。自动化地管理投资组合，针对需要定期调整投资组合的资产配置，大语言模型可以根据客户设置好的信息进行智能化提醒，以确保投资组合的风险和收益水平符合客户的需求，提高投资效率和准确性。例如，客户要求大语言模型："请在我目前购买的产品到期前3天提醒我，准备接续新的产品。"在此场景中大语言模型通过调用APP、短信、邮件等方式帮助客户进行后续智能化提醒操作。四是应用于客户服务支持。大语言模型通过智能问答系统解答客户关于机构内评分、评级及投资建议的疑问，提供技术支持和投资建议，通过与客户进行自然语言交互，更好地理解客户问题，提供个性化客户服务。例如，客户询问大语言模型："机构为我建议的RP1是什么意思？"在此场景中大语言模型会根据机构评级给出释义，展示出对应风险等级的投资产品，并阐述风险意愿与风险能力差异，为客户答疑解惑。

面向智能投研场景。一是应用于数据分析挖掘。通过自然语言处理技术，大语言模型会从大量的投资数据中自动化地挖掘出关键信息和趋势，帮助分析师更快地了解市场变化和投资机会，从而更好地做出投资决策。例如，客户询问大语言模型："上市公司A的净利润是否超预期？"在此场景中大语言模型会通过搜索未公布年报时A机构给出的预测利润及公布年报后的实际数据，给出问题的回答。二是应用于研究报告检索。根据客户需求，大语言模型通过与信息检索技术的整合，自动完成投资研究报告检索工作，自动地整合和分析大量数据，提供研究报告的内容和结论，从而大大提高研究报告的质量和效率。例如，客户询问大语言模型某公募基金交易范围，如"501021是否可以交易港股？"在此场景中大语言模型会对研究报告的智能检索给出交易范围、直接与间接交易差异，并提示交易公募基金风险。三是应用于指标计算。大语言模型能够使用算法对投资数据进行分析和计算，根据给定数据提供最佳的投研建议，并帮助投资者了解相关的评价指标，更加高效地完成投资研究。例如，客户询问大语言模型某理财产品近四年的最大回撤，该类工作不再因受到时间段限制而需要手动计算。四是应用于情报监测。通过对投资市场的实时监测和分析，大语言模型自动化地发现市场风险和机会，提醒投资者关注市场变化和风险，使投研结果更快地匹配现实场景。例如，询问大语言模型："161725基金经理最近两年有变动吗？"在此场景中大语言模型会给出基金经理任期变动、是否在所圈定范围内发生了变动、目前基金经理任期时长等相关信息。

　　面向智能投资场景。一是应用于资产配置。根据投资者的风险偏好和目标，大语言模型会自动化地生成最佳资产配置方案，通过机器学习算法和大量的投资数据，为投资者提供最优投资组合，以达到最大的投资回报和最小的投资风险。例如，询问大语言模型："接下来的市场行情不错，我想更加激进一点，可否帮我推荐一个含有ChatGPT概念的股票列表？"在此场景中大语言模型会给出相应概念的股票列表并提示其主营业务。二是应用于编写策略代码。大语言模型通过机器学习算法和实时的市场数据，提供最佳的交易策略，根据市场趋势和投资者的需求，提供买入和卖出的建议，从而最大化投资回报和降低交易风险。例如，要求大语言模型："请帮我写一个Python策略，策略思路为均线MA5超过MA10且年化波动率小于15%。"在此场景中大语言模型会将相对应的代码呈现出来，包括数据、策略主题、回测表现等全流程信息。三是应用于实时投资监测。大语言模型通过实时的市场数据和投资组合监测，为投资者提供实时的投资决策建议，帮助投资者了解市场变化和趋势，及时做出投资决策，实现最大化投资回报。例如，给出自己的投资组合后询问大语言模型："在我自己的股票组合中，最大回撤超过5%时减仓合理吗？"在此场景中大语言模型会给出最大回撤对组合的负面影响、减仓的正面效果及其他投资建议。四是应用于风险管理。通过自动化的风险评估和监测，大语言模型能帮助投资者降低投资风险，根据投资者的风险偏好和投资组合，提供最佳的风险管理策略，从而保护投资者的本金和收益。例如，当投资者希望自己投资组合的长期收益达到8%，但是最大回撤不超过5%时，则询问大语言模型如何操作。在此场景中大语言模型会根据投资者的输入信息给出操作步骤及相应的投资建议。

五、结语

本文回顾了人工智能大语言模型的发展历程及当前的进展，在深入研究人工智能大语言模型应用模式的基础上，提出商业银行可优先考虑选用产生了涌现现象的中等规模预训练通用大语言模型作为私有云应用基础，结合垂类应用场景需求进行微调，并集成商业银行现有的自然语言处理、计算机视觉、智能语音、知识图谱等多个AI核心技术能力，打造商业银行AI大语言模型能力体系。

尽管人工智能大语言模型具有语言理解、内容生成等强大能力，但当前的模型应用仍面临着安全风险挑战，主要体现在三个方面：一是科技伦理风险引争议。如人工智能自动生成内容，甚至人工智能取代某些人工工作，是否会出现违反人类伦理、道德、法律的问题，这存在很大争议。二是被恶意使用或误用的风险。人工智能大语言模型的使用过程如不加以监督，也可能被用于生成违反法律法规、违背道德准则的内容，被利用于网络炒作、制作恶意不实信息、编写恶意软件、实施不正当商业营销等，或者泄露客户个人隐私及保密信息等。三是恶意注入攻击。黑客可能针对生成式人工智能系统开发破解方法和提示注入攻击，使用精心设计和提炼的句子而不是代码，利用系统弱点绕过内容过滤器的安全检查，将恶意数据或指令嵌入AI模型中，使人工智能系统生成违背伦理道德、产生歧视性或误导性甚至非法的言论等。

面对安全风险的挑战应采取有效的防范措施，一是健全完善生成式AI安全应用相关制度。面对科技伦理风险，应通过建立有效的内容审核和监管机制，防止生成及传播不良和违法内容；通过建立合理的知识产权保护制度，保障各参与方的合法权益；通过建立严格的数据保护规范，保护客户的数据安全和隐私权。二是强化大语言模型应用的技术监管和审查。面对可能利用人工智能大语言模型进行网络犯罪的问题，有关部门应加强对人工智能大语言模型的监管和审查，防止其被滥用，建立可行的检验方法来确保模型给出的回答是真实可靠和没有危害的，避免数据泄露、虚假信息、侵权等问题。三是探索大语言模型实际应用落地的具体风险防范措施和手段。面对可能发生的内外部恶意攻击，金融机构应根据自身业务，选用可信的人工智能大语言模型并采用私有云模式，实施必要的模型应用管理办法和网络控制手段，从而减少对外风险暴露，稳妥开展人工智能大语言模型面向具体业务场景的应用落地。

　　［本章作者向中国工程院院士、复旦大学金融科技研究院柴洪峰院长对本章的指导表示感谢。华夏银行信息科技部李大伟、徐小芳，复旦大学周宇航、曾倩如、甘云荟，以及龙盈智达（北京）科技有限公司刘骊、刘曦子、关宇航、王一多、阳少杰、闫括、高新凯、李维、刘洁菲、李广龙、覃辉、刘微、王月超和单石磊对本章亦有贡献。］

大模型在基金投顾领域的潜在应用和风险

10

立足于基金投顾业务，投顾机构需要搭建多层次、多维度、高效率的大模型服务及应用体系来满足日益增长的需求，使生成式大模型助力基金投顾业务回归服务本源。

刘　玮
范仲悦
马彦楠

易方达基金投顾金科业务团队

基金投资顾问业务呈现出海量、复杂的特点，为实现大规模业务场景下的连续服务能力，科技赋能是必须且必要的，以生成式大模型为代表的AIGC技术在基金投顾业务中具有广阔的应用前景。本章立足基金投资顾问业务，结合生成式大模型的能力和特点，探讨大模型在基金投顾业务中的应用场景和潜在挑战，以积极面对AIGC技术带来的行业变革，为行业创新和发展提供借鉴与参考。

一、基金投顾亟待创新性业务探索

近年来，监管部门多措并举，着力优化基金投顾行业发展生态，促进其规范发展、创新发展，为基金投顾行业的长期健康发展奠定基础。为健全资本市场财富管理功能、深化投资端改革、发展买方中介队伍，2019年10月，证监会发布《关于做好公开募集证券投资基金投资顾问业务试点工作的通知》，标志着我国基金投资顾问业务正式起航，**买方投顾模式**开始**在中国推行**。2021年11月，监管机构下发《关于规范基金投资建议活动的通知》，基金投顾业务规范进一步加强。2023年6月，证监会就《公开募集证券投资基金投资顾问业务管理规定（征求意见稿）》公开征求意见，该《规定》有助于引导行业坚守"顾问"服务本源，推动基金投资顾问业务试点转常规工作有序开展。

基金投顾业务作为成长期业务，拥有广阔的发展空间。作为买方代理人，基金投顾机构从投资者的角度出发提供资产配置、基金投资组合构建、账户管理、顾问指导等服务，力求提高客户的投资获得感和认同感。但在业务的推进过程中，基金投顾机构也遇到了诸多挑战。

一是拓展基金研究边界、丰富基金研究工具的难题。截至2023年7月，国内已发行11000余只公募基金产品，其基金类型、投资范围、投资理念、投资方法各异，单靠人力进行尽调访谈和研究分析，所覆盖的基金产品有限，跟踪研究的持续性难以保障。同时，由于缺乏统一规范的基金研究数据源，各种重要素材散落在互联网各处，且以非结构化数据为主，缺乏统一治理，给基金产品的定量研究带来阻碍。

二是基金投资约束多、投顾运作情况复杂的难题。基金产品出于运作需要，经常会出现调整申赎状态、限制申赎金额等情况，有时还会对调整所适用的客户类型、份额类型、销售等采取差异化的规则。这给投顾策略运作带来很大影响，如果不及时调整，后续客户很有可能会出现申购失败、组合偏移等问题，极大影响基金投资体验。同时，合作渠道类型的多样化也是影响基金投顾运作的重要因素。由于各合作渠道的代销产品不同、交易限制条件各异，标准化的投资策略难以在所有渠道上快速批量复制，投资经理需要结合渠道和客户约束制定差异化的投资方案，增加了投资运作的复杂性。

三是大规模场景下持续提供精细化、差异化服务的难题。买方投顾的价值在于与投资者的深度沟通和长期同行，面对不同类型、不同风险偏好、不同投资需求的客户，在投资环节与顾问环节需要持续提供有针对性的账户服务。同时，越来越多的投顾机构认识到"建立持续精准服务体系、经营长期信任关系"对于提升投资者获得感的重要性，但如何向客户提供贴切的、适合的顾问服务尚在探索之中。

当前，无论是贯穿基金投顾整个业务的两大核心引擎——"投"和"顾"，还是支撑其实现的风控、运营、服务等体系，金融科技在数字化感知客户、智能化投资研究，进而实现个性化的投顾服务中都发挥着重要的作用。在人工智能、大数据、高性能计算等新兴技术与金融行业高质量发展需求的共同驱动下，出于业务持续创新和发展的现实需要，基金投顾亟待充分挖掘前沿技术的力量，运用智能化解决方案攻克业务难题，进行创新性的业务探索。

二、生成式大模型助力基金投顾业务回归服务本源

大模型具备先进的自然语言理解和生成能力，不仅可应用于简单的问答，在生成长文本、复杂语境的理解、多轮对话等方面也有出色的表现。大模型在构建流程上，与传统小模型类似，均需经历训练数据准备、模型网络结构设计、

优化目标设计、训练收敛等步骤。区别于小模型，大模型的"大"主要体现在"大数据、大参数、大算力"三个维度。在金融场景下，大模型人工智能技术发挥其应用支撑作用，为金融领域生产模式和运作效率的变革提供科技力量，同时，其带来的创造性也能进一步促进新业务应用场景的产生。

立足基金投顾业务，投顾机构需要搭建多层次、多维度、高效率的大模型服务及应用体系来满足日益增长的需求。对于基金投顾机构如何将大模型应用落地业务场景，达到促进业务发展、助力基金投顾业务回归服务本源的目的，笔者进行了相关论证研究和实践初探。

国内基金投顾业务诞生于金融科技蓬勃发展的时代，在过去几年的发展过程中，各投顾机构在科技赋能方面取得了一定的建设成果，为大模型落地基金投顾服务场景奠定了基础。在具体实践中，把大模型深度嵌入基金投顾各个业务环节，通过对规模量大、重复性高、确定性强的工作进行智能化、模型化和自动化的改造，力求实现业务效能的倍增。当前，大模型在基金投资研究和顾问服务两个主要业务环节具有潜在的应用场景。

在投资研究环节的应用，主要包括研究信息抽取、研究报告生成。**研究信息抽取方面**。利用大模型强大的阅读理解和分析整合能力，辅助基金投顾投研人员从海量数据中高效、及时地提炼有用信息。一方面可以提升投研人员的宏观行业洞察能力，通过对行业研究报告、政策新闻、宏观经济观点、热点趋势、情绪舆情等信息的分析提炼，帮助投研人员从中挖掘潜在投资机会或评估风险，辅助投资决策。另一方面，目前基金投顾业务的投资标的以公募基金为主，面对全市场上万只公募基金，可以利用大模型对基金招募说明书、定期报告、基金经理尽调报告、直播访谈记录等内容进行摘要抽取和观点提炼，帮助投研人员提升基金研究效率，扩大基金研究范围。

在具体实践层面，某基金投顾机构通过搭建研究信息抽取与应用服务，实现上述能力的一体化输出。首先，结合投研人员的研究经验，从文本信息的来源、频次、内容等维度构建分类体系；其次，根据具体的信息抽取任务，将专家先验知识注入提示词中，通过零样本或者少样本学习方式借助大模型完成信息抽取，在实际操作中，需要事先在每种类型报告中都预置好对应的提示词模板和专有的大模型处理流程；最后，当信息抽取完毕后，需要进一步加工处理，提供至下游应用。例如：针对基金定期报告中的基金经理对当前市场环境和未来投资方向的观点，当基金定期报告发布后，可以截取指定章节段落，由大模型自动抽取贴标。这种全自动化的方式，可以在全市场一万余只基金的定期报告发布后的第一时间进行信息提取，有效提升了基金研究员的研究效率。此外，还可以利用大模型提取基金行业研究报告中的观点，通过统计、合成、加工形成包含行业投资信号的量化指标，并进一步构建策略进行回测研究，供投资经理参考决策使用。

研究报告生成方面。在基金投资研究的过程中，撰写研究报告是不可或缺的环节。一篇研究报告的制作需要经过资料搜集、数据分析、观点总结、排版编辑等步骤，需要在重复烦琐的工作中花费大量精力，严重影响研究效率。使用大模型作为辅助工具可以大幅提升编写效率和报告质量，提高研究人员生产力。大模型可以通过交互对话的方式，迅速了解研究背景，并结合投研人员提供的关键词、核心观点、内容概述等信息，在极短的时间内生成结构严谨、高度专业、内容丰富的研究报告。此外，还能根据投研人员的个性化需求或报告披露场景，利用提示词、思维链等技巧，复用核心观点，迅速切换报告行文风格和排版格式，实现质效双提。

某基金投顾机构采用的基于大模型的报告生成与应用服务可以灵活地支持多种写作场景，根据是否有报告模板和原始素材，分为"有模板＋有素材""有模板＋无素材""无模板＋有素材""无模板＋无素材"四种处理类型，大模型在其中发挥的功能也有所不同，参与程度依次加深。通常来说，"有模板＋有素材"类型的报告格式较为固定和清晰，在系统中提前录入报告模板，以及报告内容与素材的映射关系后，即可自动填充生成，大模型可用于原始素材勘误、多素材筛选或报告风格改写等环节。例如：基金投顾机构在开展业务时，同一投顾策略会在多个代销渠道上线，当投资经理定期编写策略运作报告时，由于各代销渠道的格式风格要求不一，需要产出数十份运作报告，过程冗余烦琐，借助大模型的风格改写能力，同一策略只需提供一份原始素材，提升编写效率。"无模板＋无素材"类型的生成方式最为灵活，主要由业务人员以提示词交互的方式，将需求和已有资料提供给大模型，引导大模型生成符合要求的报告，在这种应用场景下，通过搭建投顾业务知识库，并利用 RAG（检索增强）的方式拓宽大模型的"业务面"，提高报告生成质量。对于"有模板＋无素材"和"无模板＋有素材"的处理模式则是介于二者之间，可通过对大模型、模板库、素材库和业务知识库等模块的灵活组织运用，来适配不同的场景。

在顾问服务环节的应用，体现为通过机器人顾问和智能"顾问助手"，迭代业务模式。**首先是直面客户的机器人基金投资顾问。**在多层级、精细化的顾问服务体系下，机器人顾问扮演着重要角色。通过机器人顾问，基金投顾机构可以具备 7×24 小时无间断服务的能力，有效缓解基金投顾机构顾问人员无法第一时间提供服务的问题，提升服务质量和客户满意度。利用大模型优秀的语义理解、多轮对话、交互自然等特性，机器人顾问能够更好地掌握用户的用语习惯，提升对模糊、复杂或个性化的输入信息的处理能力，进一步结合需求分析、意图识别、情绪判断等方法，智能路由至后续的服务流程，从而输出一体化的基金投顾服务能力。基于大模型的机器人顾问能够更加多元地理解客户的基金投资需求、投资目标和资产状况，增强客户识别和规避投资风险的意识，协助基金投顾机构为客户提供有效的长期理财规划，帮助客户形成成熟的投资理念，提升客户投资体验。

某基金投顾机构顾问人员在与客户沟通时，发现部分客户存在需求描述不清晰，或者提出一些不太相关或难以回答的问题。在这种情况下，有经验的顾问人员会通过自身经验和沟通技巧，采用一定的话术，帮助客户建立良好通畅的交流环境，但这类情况对机器人顾问而言无疑是一大挑战，如果生硬规避或者强行回答，可能导致沟通效果不及预期或交流提前终止。针对上述情形，该机构设计了基于大模型的智能化机器人顾问服务,根据一线基金顾问人员实际经验,对常见问答场景分门别类、整理归纳形成话术要点,供大模型使用,如投资类、账户运作类、产品类等。接着在实际问答环节,大模型根据用户提问自动组织话术要点,进一步结合专业素材库、对话上下文、用户画像和风格模板等基础内容,围绕话术要点拓展生成答案,辅助机器人顾问开展业务。一方面可以减少机器人顾问输出失控的风险,另一方面从专业角度提升了机器人顾问的可信性。

其次是通过智能交互提高工作效率的"顾问助手"。 不同于直面客户的机器人顾问,"顾问助手"主要用于辅助基金投顾机构的顾问人员,帮助他们提升工作效率、防范风险、判断决策。顾问助手的功能主要有:一是可以协助基金顾问人员高效处理客户的常见疑问,通过功能调用或与投顾知识库的交互,自动计算相关指标或者生成回复话术,同时提供详细的依据说明供顾问人员参考。二是在基金顾问人员给客户提供建议信息时,顾问助手可以兼顾相关的金融法律法规,帮助基金顾问人员避免潜在法律风险。三是顾问助手还可以提供高效的信息检索功能,帮助基金顾问人员在海量的信息中快速定位和获取有关内容,实时响应业务问题。四是顾问助手可用作培训工具,帮助基金顾问了解内外部的最新研究成果,以提高专业知识水平。这些功能可以极大提高基金顾问人员的工作效率,使其将更多时间和精力集中在为客户提供针对性的投顾服务上。

例如,某基金投顾机构在开展线上业务时,客户经常会针对自身基金组合的持有情况,咨询顾问人员相关问题,由于客户持仓各不相同,基金本身也存在数量众多、种类繁多、持仓风格动态变化等特点,如果没有专有工具,顾问人员很难第一时间专业准确地回答客户,可能导致信任度降低、客户流失。针对上述问题,该基金投顾机构构建了基于大模型的基金分析服务,将机构内部的基金研究成果、基金研究系统、基金研究数据等资源有机结合,以顾问助手为载体,通过交互的方式将基金分析内容准确高效地提供给投资顾问人员。

三、大模型落地基金投顾，潜在挑战和风险仍存

基金投顾领域在应用大模型的过程中，既要看到大模型所带来的机遇和改变，也应对其背后所隐含的风险挑战有清醒的认识。在与投顾业务结合的过程中，大模型如何规避缺陷与风险，发挥最大功效，是需要持续思考的问题。在数据治理、模型选型、内容安全、可解释性等方面，大模型在基金投顾业务落地应用面临潜在风险和挑战。

（一）进一步完善数据治理体系

数据是驱动AI模型运转的"燃料"。数据治理是金融业数字化转型的重要环节，目前金融机构的数据治理普遍处于起步阶段：在数据来源端，各个部门和系统采用各异的数据标准和定义，缺乏一致性管理；在数据采集端，方法不科学、操作不规范等问题有待解决；在数据存储端，数据安全、数据整合、版本管理等挑战均需得到重视。

大模型的应用和训练建立在数据可用性、准确性和完整性的基础之上。为更好发挥大模型的能力，金融机构需要进一步完善数据治理体系，同时在机构内外部建立一种理解、尊重和利用数据的文化，提升数据质量，消除"数据孤岛"，鼓励数据共享和协作。为深化基金投顾业务的数字化基础设施建设，在全国金融标准化技术委员会证券分技术委员会的指导下，某投顾机构承接并完成《公募基金投资顾问业务运作数据规范研究》课题。该课题从公募基金投顾业务实践出发，围绕基金信披、基金销售机构运作参数、客户需求和合规风控这四类业务核心数据内容，分别开展研究并提出数据治理与应用规范建议，旨在推动投顾行业业务运作数据标准的形成，促进行业稳健、规范发展。

（二）结合业务需求和机构现状开展大模型选型

大模型应用技术路线的选择不仅与大模型本身能力有关，还需结合公司自

身特色和具体业务场景全面考虑。选型过程中需要考虑如下问题，一是大模型技术发展迅猛、迭代速度快，各类大模型的发布呈现出数量多、频率快的特点，模型间的特性各异，能力也各有侧重，这给大模型的选型和评估带来较大挑战。二是大模型的应用对配套基础设施的要求较高，各家基金投顾机构需要结合自身科技建设现状、人才储备、资源投入等情况，明确大模型的战略定位。三是需对模型赋能的基金投顾业务场景进行评估，根据业务预期效果、应用模式、风险成本等因素，选择合适的大模型技术路线。

在基金投顾业务中，大模型的"读""写""交互"三类应用场景所需的能力各有侧重，除了对大模型的通用能力和行业能力进行评估之外，需要结合实际情况，从大模型的推理能力、记忆能力、上下文长度等维度开展针对性的比较。

（三）推动多层次评估与监控体系的建设

当大模型应用于面向公众的金融服务时，输出内容的安全方面就可能面临如下问题。一是输出错误信息。由于大模型本质上还是概率模型，因此很难保证结果的百分百正确或者前后输出一致，同时"幻觉"问题会导致大模型的回答表面上看起来非常完整且具备条理性，但经不起细究，甚至"胡编乱造"。二是可信度问题。由于面向社会开放，用户的提问范围广、可控程度低，可能无法准确回答一些领域的专业问题，或者即使回答了，答案精度不达标，可信度难以控制。三是信息安全问题。用户对模型进行非法的操纵、误导或欺骗性使用，可能导致金融机构面临安全风险和声誉风险。例如：用户通过不合理的提问，混入恶意指令，绕过已有的安全机制，诱导执行意外动作，如泄露敏感信息、输出有害内容等。此外，用户的提问数据可能会用于大模型后续的二次训练，如未事先干预，恶意提问会污染训练数据，导致出现模型输出偏见言论等问题。

为提升大模型输出内容的准确度与可信度，某基金投顾机构分别从两个层面推动相应举措。**在数据层面**，一是进行独立的数据源验证和审计，以确保模型所使用数据源的可靠性和准确性；二是加强数据隐私和安全保护，采取有效的数据保护措施，包括数据加密、访问控制和合规性保证，以提高用户对数据使用的信任度。**在模型评估方面**，搭建大模型评估框架，定期对模型进行测试和验证，并根据需要对模型进行更新和优化。与此同时，推动大模型监控和反欺诈系统的建设，实时监测和评估大模型的输出结果，及时发现和纠正模型中的错误或欺诈行为。

（四）持续探索模型可解释性

大模型的底层基于深度学习架构，技术上存在算法透明度低、可解释性不高、难以"白盒化"等问题，当向公众提供大模型金融服务时，还面临着公平透明、合理安全、可追溯等合规性要求。对基金投顾机构而言，一方面需要加强模型算法的风险管理制度和监控管理体系建设，规范技术应用，防范信用风险。另一方面，需要持续关注可解释机器学习的前沿研究成果、其他行业的应用经验、行业标准规范等，在实践中不断总结，持续打造可控、精准、合规、安全的大模型应用。

在基金投顾领域，某基金投顾机构在利用大模型技术搭建顾问助手的过程中，持续探索大模型可解释性技术。一方面，使用领域知识和经验设计特定的特征工程方法，构建出更易于理解和解释的特征。另一方面，使用一些专门的可解释性技术来解释模型的预测结果。例如，局部可解释性方法可以解释单个样本的预测结果，全局可解释性方法可以解释整个模型的行为。基于以上方法提升大模型的可解释性，对于增加用户信任、满足法律法规要求、提高模型性能以及促进用户参与都是非常重要的。通过了解助手模型的决策依据，顾问人员可以更好地理解模型回答的问题，并根据自己的需求向客户提供更精准的反馈。

四、总结

党的二十大报告指出，高质量发展是全面建设社会主义现代化国家的首要任务。证监会发布的《关于加快推进公募基金行业高质量发展的意见》也强调，坚持以投资者利益为核心，切实提高公募基金行业服务资本市场改革发展、服务居民财富管理需求、服务实体经济与国家战略的能力，切实做到行业发展与投资者利益同提升、共进步。基金投顾作为买方代理的创新业务，在遇到有限资源约束下大规模连续服务的难题时，需要大模型技术辅助提升投资决策、风险管理、顾问服务等环节的决策效率和准确性。

以数据资产图谱技术构建金融大模型的数据供给生态

11

林常乐

训练数据是大模型的"生产资料",其体量、权益归属和质量直接影响大模型的性能。构建公平合理的数据生态与机制是金融大模型发展与成功的基石,没有这一生态将出现数据与模型公司的争议、"劣数驱逐良数",将导致支撑大模型发展的数据体系消亡。

交叉信息核心技术研究院(清华大学设立)常务副院长

随着大模型不断涌现，以 ChatGPT 为代表的生成式大模型及 AIGC 应用技术将快速实现技术、数据、AI 及应用场景的融合。其中，获取高质量的最新的数据是开发有效、高精度大模型的关键因素。对企业而言，数据作为新的资产，将在 AI 大模型的行业竞争中越发重要。

一、国家加快推进大数据战略布局

数据是新时代重要的生产要素，是国家基础性战略资源。近年来，一系列与数据相关的政策出台，既有顶层设计，又有具体措施，形成了推动数据发展的强大合力。

2014 年，大数据被首次写入政府工作报告，自此以后，中国大数据产业蓬勃发展。2016 年，"十三五"规划将大数据战略上升为国家战略。2017 年，政府工作报告首次明确提出"数字经济"。党的十九届四中全会首次明确数据为生产要素。2022 年，国务院印发《"十四五"数字经济发展规划》，明确提出以数据为关键要素，以数字技术与实体经济深度融合为主线，加强数字基础设施建设，完善数字经济治理体系，不断做强做优做大我国数字经济。2022 年，中共中央、国务院印发《关于构建数据基础制度更好发挥数据要素作用的意见》（简称"数据要素二十条"）中指出，"坚持共享共用，释放价值红利。合理降低市场主体获取数据的门槛，增强数据要素共享性、普惠性，激励创新创业创造，强化反垄断和反不正当竞争，形成依法规范、共同参与、各取所需、共享红利的发展模式"。同时明确提出，"建立体现效率、促进公平的数据要素收益分配制度"。

国家工业信息安全发展研究中心发布的《2022 年数据交易平台发展白皮书》显示，截至 2022 年 8 月，全国已成立 44 家数据交易机构，平台的注册资本多数介于 5000 万元至 1 亿元之间。综合来看，在政策的大力推动和各方面参与者的不懈努力下，我国数据要素市场体系已经初步形成。另外，我国的数据要素市场正蓬勃发展，同时也面临数据确权、数据分类分级、数据流通交易过程的安全保障、数据流通交易机制等挑战。随着我国数据要素产业法律法规、行业标准持续完善，数据交易所数量持续扩容，数据要素产业发展有望加速。

数字经济时代，数据作为新型生产要素的作用和重要性日益凸显。随着人工智能模型、业务上云、物联网、区块链等新技术的落地，数据将会继续呈指数级增长，成为全社会最有价值的资产之一。数据参与到无限可复用的金融场景，形成潜在数据价值的广阔图谱，数据资产图谱也将驱动金融大模型准确性提升及数据权益共享。

二、数据体量、数据产权及数据质量

作为大模型的"生产资料"，训练数据的体量、权益归属和质量直接影响大模型的性能。目前诸如GPT类的各类AI大模型训练依托的框架都是基于2017年Google发表的《基于注意力机制的机器翻译模型》（*Attention is all you need*）论文中的注意力机制模型。训练一个成功如ChatGPT的大模型所需的数据量大约包括3000亿条文本数据，积累的文本数据可达570 Gigabytes。倘若缺乏足够的数据，则无法实现对AI大模型的训练。

长期以来，行业默认的大模型的数据来源均是从公开的互联网平台抓取，尚未建立统一的数据交易机制，然而这种"开源共享"局面在2023年4月受到了冲击：美国社交平台Reddit开始对使用其数据的公司进行API调用收费，公开免费的数据变成了"私有财产"。这一改变使得长期使用Reddit数据作为大模型训练语料库的Google、OpenAI和微软等公司增加了成本。Reddit首席执行官Steve Huffman表示："Reddit的数据语料库确实很有价值。但我们不需要将所有这些价值免费提供给世界上最大的几家公司。"大模型的逐步发展必将推动企业数据资产的产权明晰，同时市场也亟须建立合理的激励机制，让拥有数据的平台方愿意提供语料数据库，促进AI大模型的生态发展。

此外，数据的质量也是影响大模型有效性的重要因素之一。Google的AI专家已预警一种新现象——"数据投毒"。这是由于数据资产的需求激增，未经筛选的数据进入大模型中，将造成低质量的信息污染整个数据集，损害大模型的训练成果，导致结果发生极大的偏差。更令人担忧的是，"数据投毒"并不需要太强大的技巧或很高的成本。2022 年的研究表明，只需 60 美元，就可以让 0.01% 的 LAION-400 或 COYO-700M 的数据集失效。被投毒的数据集会让恶意行为者操纵数据集，甚至使 AI 训练所产生的文本，嵌入性别歧视或某些偏见，加剧种族主义，更严重的甚至会在模型中嵌入某种后门，以控制其文本生成的结果。

另外一种造成数据质量较低的情况是由于当前 AI 的广泛使用，许多互联网上的信息数据都是重复、无效且冗余的。当这些信息成为大模型公司训练模型的数据源时，低质量的数据将污染整个知识库。当尚未有评价数据质量的技术和体系出现时，真正有人类智慧结晶的高质量信息将会被众多快速生成的 AI 信息淹没。虽然当前各国出台了相关法律法规来限制 AI 内容的适用范围和方式，但对于需要这些数据来进行大模型训练的公司来说，还没有很好的技术可以甄别"好数据"和"有毒数据"，以及评估各类数据对模型的贡献程度。

当前全球对于数据权益还未建立行业公认的标准，如果类似上文 Reddit 的案例，由大模型公司付费获取训练数据，数据提供方自主定价，则数据使用成本将大幅提高，许多 AI 模型将面临"无数可训"的窘态，严重的将出现"数据垄断"，不利于科技行业持续健康发展。但如果免费让 AI 大模型公司无偿使用数据，"数据投毒"将使 AI 大模型生态圈布满污染。因此，建立公平合理的数据权益评估市场机制，将最大限度激励经济主体参与数据贡献，让数据提供方（数商）获得相应的报酬。同时竞争淘汰低质量数据提供方，并逐步形成监督惩罚机制，避免"数据投毒"现象的发生。

三、金融行业的数据权益与大模型

数据权益在金融行业呈现独有的业务特征。一个有意思的案例是在货币经纪行业，由于数据产权的不明晰，造成了行业退步：以往货币交易的买方和卖方是通过实时报价平台获取银行间固收市场的报价来进行交易。2023年3月起，多家货币经纪公司停止数据源服务，导致此项业务的比价机制从便利高效的实时报价平台，退行到十年前以QQ群人工报价的方式，效率大大降低。这种现象产生的原因则是人们对即时报价平台上的"报价数据是属于交易员个人还是其所属的金融机构"产生了争议，数据权益的不明晰直接关联这些数据由谁处理，最终货币经纪公司中止了此业务的数据服务。

金融行业需要进行AI大模型训练时，需要大量金融领域的高质量专业数据。但高质量金融专业数据将在未来遇到数据权益所有权的问题，有价值专业数据的知识产权，通常属于金融机构，这些数据在企业内部也不是公开共享。需要公平合理的确权机制，以保障这些金融机构的数据权益。

（一）公平定价：调节市场的最佳方式

上述这些影响大模型发展的障碍可以用公平定价的方式来解决。在经济学中有一个著名的理论"柠檬市场"（The Market for Lemons），它是指信息不对称所引起的逆向选择。由于卖方不愿以买方愿意支付的较低价格出售高质量商品，从而导致买方购买较低质量商品的现象。可能导致市场崩溃，因为市场上交易的均衡价格和商品数量低于信息完全的市场。

例如二手车市场中充斥着价格不一的二手车，价值在0~100之间，由于没有一个公允的定价机制，买方无法预料所买汽车的真实价值，有可能买到高于50价值或低于50价值的车，为了避免损失，买方倾向于以50单位买车——这将导致价值在50~100的卖方由于无法获得合理的相应回报而退出市场。此时，整个市场就只剩下0~50价值的卖方。在相同的条件下，新的买方只愿意出25单位的价值来买车……如此反复的恶性循环，将使这个市场完全消亡。

在数据交易市场也是一样，如果一个市场的价格对于买卖双方而言，是不透明或是信息不对称的，没有合理的定价和评级的机制，这个市场将不复存在。因此，我们提出了适用于数据的定价算法技术。

综上所述，大量高质量垂直专业领域的数据是大模型的基础生产资料，构建公平合理的数据生态与机制是金融大模型发展与成功的基石，没有这一生态将出现数据与模型公司的争议、"劣数驱逐良数"，将导致支撑大模型发展的数据体系消亡。那么，如何建立促进大模型发展的数据市场呢？

（二）交叉学科研究的基础理论成果：数据定价算法

"数据要素二十条"的提出，为数据要素市场提供了坚实的制度保障，明确"建立数据资源持有权、数据加工使用权、数据产品经营权'三权分置'的数据产权制度框架"。其中，对于数据要素收益分配也明确提出要"建立体现效率、促进公平的数据要素收益分配制度，在初次分配阶段，按照'谁投入、谁贡献、谁受益'原则，推动数据要素收益向数据价值和使用价值创造者合理倾斜"。

交叉信息核心技术研究院（以下简称"交叉核心院"）在姚期智院士的指导下，早在2019年已经开展这方面的理论研究和实践落地，率先提出了关于数据权益分配和定价的理论框架。该理论以信息经济学、博弈论和算法复杂性为基础，首先通过信息经济学的理论，将数据产生的经济学价值与数据产品的精度进行一一映射，继而以合作博弈理论将每个数据单位参与经济活动所得到的收益进行公平分配计算——这样的算法就可以实现"数据要素二十条"中提到的数据要素收益分配定价。

1.数据定价算法基础

数据定价算法是新的交叉领域，涉及经济学的基础理论和计算科学的基础理论。其理论基础一是信息经济学，信息经济学作为经济学的分支，诞生了很多的诺贝尔奖得主，是研究信息在经济活动中产生的价值和作用；二是博弈论，其中的合作博弈理论，实际上是提供数据多方建模的合作理论基础。各方提供数据要素进行联合建模、产生经济价值，就是合作博弈的场景，其中还会涉及计算的复杂性，因为联合的建模以及基于隐私保护的多方面计算都会消耗大量的算力。姚院士提到模型的精度越高，其经济价值就越高。因此，将决策模型的精度与业务的经济价值建立某种数学联系，进一步对模型的精度与数据之间建立映射和联系，模型精度取决于用了哪些数据，数据进行联合建模以后，不同的数据源对模型精度的提升有多少，我们可以看到，在金融行业，有些数据对模型精度的提升会比较显著。金融属性的数据，其相关度比较高，对金融场景的模型贡献度就会比较高。

数据流通后的海量数据（包括交叉的数据），可以产生大量的经济价值，经济价值可通过数据建模来实现。数据可以经过人工智能算法的建模生成各种角色模型，比如新经济里面的互联网公司所代表的推荐模型在电商领域可以大大提升电商的销售量；我们的生产活动中，智能生产模型可以提升工厂加工、制造的效率；智能的调动模型可以帮助物流行业优化物流的调度。

解决数据流通的问题，可以利用数据在隐私保护和多方安全计算的环境下进行建模，生成数据模型和用来决策、分析、预测、归因、控制的决策模型。所以，经济利益的产生是在决策模型的使用上，分配经济价值实际上是利用决策模型以及跟它相应的数据要素、多方的数据要素的关联来分配经济价值，分配的也并不是原始的数据资料，而是分配数据原始资料所产生的决策模型所带来的经济价值。

2.数据定价，将非对称性问题转换为对称性问题

数据流通定价与资产化算法平台是基于博弈论、人工智能模型、信息论等技术，汇总在不同业务使用场景下的数据定价机制，形成的一套公平、合理、实践性强的数据定价系统。

数据定价算法主要解决价值分配的问题，在不同主体数据要素的交叉应用和流通过程中，以及单一主体的多部门、多来源的数据应用过程中，都会遇到数据定价的问题，如果不能解决数据定价的问题，就实现不了数据大规模应用，进而无法产生数据经济的经济学基础。

前期各方在数据定价算法的研究都集中在甲乙双方，两方的角色是不对称的，数据提供方和数据使用方，在这种情况下会容易陷入非对称问题的逻辑困境，会陷入各说各有理的情况。在这方面做了大量的探索后，在姚期智院士的指导下，明确了正确的问题框架，把这个问题拆分成一个多方数据协作完成某项经济活动的问题，将其变成对称性问题，比较容易求解。

各个合作方属于数据协作方，他们是相同的角色，我们就可以定义效率，也可以定义公平，从公平性分配原则入手就可以尝试解决数据定价的问题。如果能解决多方数据协作的问题和权益、利益分配的问题，自然就可以解决一开始看到的非对称性的问题，这样的问题只不过是多方数据协作完成某项活动的特殊用例，我们可以把它转化成一个对称性问题，大家共同协作完成某项经济活动。

3. "五步法"评估价值贡献

姚期智院士在接受新华社采访时曾提出，数据要素作为资产有特殊的价值属性。第一，数据具有特异性，每个数据单位对于不同场景有不同价值；第二，数据具有协同性，即多个数据单位同时使用产生的价值可能比单独使用产生的总价值更高；第三，数据具有无限可复用性，可以在很多场景产生价值。这些特性都与传统资产有很大区别。以上这些特性使得数据与数据之间、数据与应用模型之间会产生价值网络，数据定价算法技术能够实现对这些数据价值网络的解析和计算。

该方法应用在大模型中，可通过"五步法"评估每个数据单元对模型产生的价值贡献，涵盖优化形式的设定、优化策略函数、参数估计函数等，最后合成数据价值函数，即可评估数据在大模型中产生的价值。

4. 数据定价算法的实践场景

参考中国资产评估协会发布的《数据资产评估指导意见》，需要考虑收益、成本、市场三方面的要素，具体的指导框架如何落地，以及如何算出具体的数字。

数据资产有奇妙的特性，类比金融资产、实物资产的估值定价，都是由这些资产参与到活动里所有的现金流和潜在现金流的贴现加总决定的，比如说土地资产，我们称之为实物期权，可以用来参与很多的经济活动，像盖楼、盖停车场，盖好后可以出租或售卖，怎么实现价值变现取决于相应的经济活动和市场价格。

基于前面的单一经济活动的定价算法，根据数据和场景映射的数据资产图谱，不断地确定场景和数据资产之间的关系，可以将它的价值应用在各类场景里，把资产的价值进行加总，这样可以分析数据的总价值。

数据资产的价值评估涉及它可以参与的所有经济活动所分配的经济权益的加总，它的一个特性是无限可复用，因此可以参与到很多的场景，也需要有一种构建技术对存在的权益分配进行探索和评估。

（1）从微观角度看，目前一些机构已在其业务场景中完成了这项工作。例如，在小额信贷的场景中，可将业务的效用函数进行数据化表达，并把数据产生的业务价值以数学模型表达出来，比如信用违约率的预测评估。这种方法形成的模型函数可对数据产生的价值进行计算和评估。

在与金融机构的实践中，我们通过算法模型对五个不同来源的数据单元进行了定价和收益分配，它们产生的模型价值和贡献度是有差异的，数据价值与数据量并不完全是正比关系，而是与数据包含的对当前模型任务的信息量和贡献度呈现强相关关系。当前数据交易市场背景下，有些数据的体量很大，但在某一场景使用中计算出来的模型贡献度比较低，若仍然按照数据量计费或进行收益分配，则会导致真正高价值的数据被不公平定价，高价值的数据逐渐退出市场，整个数据要素市场变为弱有效乃至无效，最终无法产生新的生产资料。

机构	样本数	贡献度	贡献率
A	200	0.0125	15.59%
B	100	0.0205	25.56%
C	50	0.0204	25.44%
D	50	0.0107	13.34%
E	100	0.0161	20.07%

图1　基于违约预测模型的参与数据收益分配结果

　　此示例是基于交叉核心院与某家银行数据的实践，利用多源的数据建立信贷的违约预测模型。可以看到，模型的贡献度与样本数不一定是完全一致的，有时候样本数较少但与场景的相关度更高，有可能贡献度会更高，所以我们可以看到一些有意思的现象：A的样本数是E的两倍，但E的模型贡献度比A还要高；C、D样本相同，但C的模型贡献率明显高于D；E比C样本多，模型贡献率略低于C。所以这种现象是会发生的。

　　（2）从宏观使用来看，也可以通过生产函数的方法核算更宏观数据要素的投入产出比。传统的生产函数包含资本、劳动力等，将数据要素或模型也加入生产函数中，即可通过投入产出的数据对模型拟合，得出宏观层面的数据要素对经济活动产生的价值。

　　（3）从产业链的角度来看，这一算法技术广泛应用在整个数据产业链中，将有效激励数据持有方、加工使用方和运营方贡献高质量的数据集，形成大模型生成的资料基础。数据产业链中有不同角色，包括原始数据资源提供方、数据治理方、数据分析方和数据应用方等。数据资产图谱技术可自动化解析数据信息量、数据的来源及上下游的生产关系，因此数据资产图谱技术也可向上游回溯，将产业链上所有贡献最终价值的参与主体纳入公平有效的收益分配体系中来，进而实现构建大模型的数据基础。

　　（4）在落地实践中，数据定价算法和数据资产图谱能够帮助那些大量使用数据和模型的机构合理地回溯并计算不同部门产生的不同业务价值，每个数据单元根据参与的建模任务形成"数据账单"，该账单用于记录每个数据单元参与不同建模任务所产生的价值贡献和记录数据产生的各种成本，最终构成机构内部各部门间收益分配和结算的数字化基础。

　　目前交叉核心院已和大型国有企业、互联网平台及生态公司、国家部委展开了类似的合作。数据定价算法与数据资产图谱技术可支撑丰富的数据建模场景，汇聚高质量的数据，形成生产资料。这一应用场景也可以与不同岗位的职能贡献挂钩。例如该技术用于量化对冲基金机构中，可按照不同建模人员的数据信号的贡献度进行奖金核算，实现模型贡献的合理分配。

该研究正在探索搭建整个数据上下游和模型应用的生态体系。交叉核心院正在与资管协会和数据交易所进行合作，将不同的 α 数据和 β 数据供应给模型公司使用，形成数据产品供资管机构应用。产生的收益由数据定价算法和数据资产图谱网络的技术分配给相应的数据提供方和模型公司，激励各方贡献高质量的数据和语料库，构建出更精准更合理的模型。

交叉核心院与人民银行旗下的国家金融科技测评中心开展了搭建金融科技监管科技实验室的合作，专注于数据要素定价模型算法的研究及行业推广，并积极推动该技术在各家金融机构落地实践。在大模型全面铺开的背景下，行业大模型必将是重大发展机遇，这必须有行业高质量的专业语料库为基础，数据定价算法和数据资产图谱技术将有效推动这一基础的建设和发展，从"百行征信"推广至"百行征数"，实现有效激励、公平共享的数据要素市场和平台。

与地方政府的合作也将更好地推动这些工作。在国家发改委价格监测中心指导下，2023 年 4 月交叉核心院与福建省政府共同发布了全国性的数据资产评估计价服务中心，依托地方政府的大力支持，共建数据要素和大模型生态。

四、大模型时代的价值衡量体系重构

产权与产品的商业价值息息相关。大模型的发展升级也会助推知识产权保护进入全新的阶段。由于大模型逐渐智能，其产出的如艺术作品、文学作品等成果可完全规避抄袭剽窃的风险，但仍具备某种特定艺术家或作家的风格——这种情况下，传统的知识产权保护方式即将受到严重冲击，各类商业成果的价值估算将会面临全新的计算体系。因此有言论认为，知识产权将在大模型时代消失。

数据作为生产资料同样需要产权保护。某种程度上，像 ChatGPT 在几个月内使用了人类很多知识，但它无须为此付费，这些数据来源的主体也没有由此获得收益。大模型时代后知识产权保护会发展到对数据的确权、定价和交易。

当大模型发展走向更深，比如行业大模型，其所需的数据就不是互联网免费公开的数据，要训练出精度极高的模型，需要的是行业专业知识，甚至商业机密类型的知识。要让大家贡献这样的语料库，肯定需要有一种权益分配机制。"数据资产图谱"，就是用数学证明出的一套收益分配的机制，将数据权益进行公平的分配。

当原创的数据集没有受到合理的产权保护和公平的权益分配，数据拥有方的贡献积极性就会下降，无法为大模型提供训练的原始资料。只有将数据产品的知识产权保护和价值评估向上游追溯（目前的技术如 NFT 即可记录数据定价算法和数据资产图谱的数据权益），前置到数据源的产权保护和定价，才能激励市场参与主体供给数据要素，从根本上构建大模型的生产基础，打造公平有效的数据要素市场。同时，按照贡献度分配的数据市场不光保护了数据方的权益，也将让大模型研发主体受益，将价值对应给真正有高贡献的数据集，从而以市场最有效的投入产出比效率给大模型的训练提供数据供给，在生产的过程中完成公平合理的价值分配，避免了事前投入大量的数据成本而对收益无法把握。可以预期，基于数据贡献的价值网络将更好地推动金融大模型的长足进步发展。

人工智能大模型在金融行业的应用展望与建议

AI 大模型可以帮助金融机构提高决策效率、降低风险并改善客户体验，提升包括营销、投顾、投研、风控、承保与理赔以及中后台等环节的效率和效果。

李振华
刘沛然
徐　润
卢传斌
徐　枞

蚂蚁集团研究院

习近平总书记强调，人工智能是新一轮科技革命和产业变革的重要驱动力量，加快发展新一代人工智能是事关我国能否抓住新一轮科技革命和产业变革机遇的战略问题。

就金融行业应用而言，AI大模型可以帮助金融机构提高决策效率、降低风险并改善客户体验，提升包括营销、投顾、投研、风控、承保与理赔以及中后台等环节的效率和效果。目前，海内外已经开始探索大模型赋能金融行业的布局，与此同时，监管部门也在积极探讨如何有效规范大模型在金融领域的应用，防范金融风险。笔者相信，有效政策和合理监管将促使人工智能大模型在金融行业发挥更大的作用，推动金融创新和可持续发展。

一、人工智能大模型概述

以ChatGPT为代表的人工智能应用创新持续爆发，得益于AI大模型技术的突破。

（一）AI大模型的主要优势

AI大模型即基础模型（Foundation Model），国际上称为预训练模型，指通过在大规模宽泛的数据上进行训练后能适应一系列下游任务的模型。相较于小模型（针对特定场景需求、使用人工标注数据训练的模型），大模型主要有以下三点优势。

一是强大的理解、推理和生成能力。通过简单的规则和相互作用，大模型能够有效集成自然语言处理等多项人工智能核心技术，并涌现出强大的智能表现，大模型将人工智能的能力从原有的感知，提升至理解、推理以及生成。

二是跨场景的通用性。此前的人工智能小模型通常为某一特定应用场景研发，且场景呈现长尾化、碎片化特征，模型难以复用和大规模推广，AI大模型通过大量通用数据的学习和训练，能总结抽炼出不同应用场景、不同业务流程的通用能力，具备广泛适用性，且边际成本递减，大规模应用落地将成为可能。

三是研发效率大幅提升。传统小模型研发为"手工作坊式"，高度依赖人工标注数据和人工调优调参，成本高、周期长、效率低。大模型研发升级为"大规模工厂式"，采用自监督学习方法，减少对人工标注数据的依赖，显著缩短研发周期、提高研发效率。

（二）人工智能大模型的发展趋势

单一模态走向多模态。ChatGPT背后的大模型仍属于自然语言处理领域的单模态模型，擅长理解和生成文本，但不支持从文本生成图片、音频、视频等功能。OpenAI发布的新一代大模型GPT-4没有一味追求更大规模参数，而是转向多模态，支持输入图像或文本后生成文本。未来，文字生成音频、3D、视频等技术将逐步成熟，多模态大模型将具备更强大的能力。

通用型与专用型共存。通用大模型偏重统一架构、统一模态、统一任务，将成为技术的底座；而专用大模型则可通过通用预训练及专业预训练应用于具体的业务和场景。

大模型和小模型协进。大模型的发展并不意味着各个细分领域的小模型完全失去其存在价值，作为样本价值判断的小模型，可以帮助大模型快速学习获取专业领域的知识；反过来，通过知识蒸馏等技术，大模型的能力可以传递给小模型。

（三）大模型技术中美仍有差距

AI技术主要是中美的竞争，从模型投入、数量、参数、算力和人才等方面我们做个简单比较。**从模型投入上看**，2022年，投资美国AI产业的资金约为474亿美元，大约是投资中国AI产业（134亿美元）的3.5倍。**从模型数量上看**，从2019~2022年，大模型发布数量中54%为美国；而中国发布数量占比仅为8%。**从模型参数上看**，美国OpenAI于2020年发布的GPT-3参数规模已达到1370亿，2023年发布的GPT-4并未披露参数规模，但业界普遍猜测达到万亿级。而国内厂商的大模型自2022年下半年才普遍进入千亿规模[①]。**从算力支撑上看**，大模型主要的算力消耗在训练环节，这主要依赖GPU或AI专用加速芯片，美国企业在性能和市场份额上均处于行业主导地位（尤其是英伟达的GPU）。目前国内还没有任何可全面国产化替代的芯片方案。**从人才储备上看**，我国在顶尖AI人才储备上相较美国差距更大一些。根据2022年入选AI 2000榜单的学者国籍来看，美国共入选1146人次，占全球57.3%，是榜单上的第二名——中国的5倍。

差距主要来自以下几个方面。

一是高质量中文训练数据还较为匮乏。以ChatGPT为例，其训练数据包括公开数据、开源数据集、网页爬取（训练GPT-3爬取了31亿个网页，约3000亿词）、私有数据集（如OpenAI的WebText数据集[②]）等。其中，93%数据为英文语料，公开数据多、质量高；而中文语料占比不足0.1%。中文语料中开源高质量数据少，特别是缺少构建通用领域大模型的百科类、问答类、图书文献、学术论文、报纸杂志等高质量中文内容。开源训练数据集common crawl中，中文语料约占4.8%，英文语料超过90%。同时，国内专业数据服务还处于起步阶段，可用于人工智能模型训练的经过加工、清洗、标注的高质量数据集还相对匮乏。

二是我国算力芯片支撑能力还有不足。一方面，大模型训练和运营高昂的成本制约着研发进度。另一方面，GPU、AI加速芯片等适用AI训练场景的芯片缺失也限制着国内的研发能力，国内芯片在算力、带宽等性能上仍存在差距，随着海外成熟芯片厂商芯片出口受限，AI大模型的研发进度也受到影响。目前国内尚无可全面国产化替代的AI芯片方案。

三是我国产业生态建设刚刚起步。美国在AI产业生态建设方面已经拥有相

---

① 清华大学GLM（2022年8月）、百度文心一言（2023年3月）、阿里通义千问（2023年4月）。

② WebText是一个大型数据集，它的数据是从社交媒体平台Reddit所有出站链接网络中爬取的，每个链接至少有三个赞，代表了流行内容的风向标，对输出优质链接和后续文本数据具有指导作用。

对完善的体系，包括大量的创新企业、投资机构、孵化器和研发平台等。健全的生态系统也有助于吸引和培养人才、推动技术的转化和商业化。相比之下，我国AI产业生态尚还不构成体系，特别是技术商业化路径探索比较初步，需要进一步加强各环节的协同发展。

二、AI大模型在金融行业的应用及前景

金融行业整体数字化程度高，是具有高价值的垂直类行业，金融行业丰富的专业语料库对金融领域通用大模型的训练至关重要。结合AI大模型的能力更高效利用金融机构积累的行业分析报告、公司调研数据、交易策略等各类智库资源十分有必要。AI大模型可用于银行、资管、证券、保险等细分领域，综合梳理赋能的相关业务环节，其在营销、投顾、投研、风控、承保与理赔、中后台等各类场景正在落地，或具有落地的高潜力和高价值。

（一）AI大模型可以赋能整个金融业务流程

1. 营销：差异化营销触达客群，快速迭代营销物料

AI大模型助力更精准触达客户。金融机构客户存在高度个性化需求，AI大模型可以快速抓取和分析市场及客户数据信息，并据此推出个性化的营销策略。通过客户群体的属性，比如根据年龄、收入等特点，把客户用不同的标签划分开，并对不同客群叠加其他特征，可以进行购买力和购买偏好的预测。通过AI寻找客户属性和特征之间的关系，根据关系规律对不同购买力的客户进行差异化营销，从而精准触达客群。

AI大模型辅助金融营销内容生产环节，快速迭代营销物料，通过金融营销人员的指令，结合与客户的历史交互数据、最新的金融产品信息、金融行业新闻动态及热点等，快速生成更加个性化、更适合金融营销场景的文案、图像和视频，并结合客户标签，将营销内容推荐给不同客户。

AI大模型还可赋能银行、资管、证券、保险等各类金融机构的不同营销环

节，帮助相关营销团队理解客户需求，缩短制作营销内容的时间，并更精准地推荐符合客户需求的产品，提升客户体验。

2.投顾：赋能客户沟通环节，辅助生成投资建议

一方面，AI大模型可作为投顾助理，协助投顾在自有客户数据中查询信息和理解客户意图，并能基于与投顾多轮对话，构建用户画像，缩短投顾人员收集和提炼总结信息的时间，极大地提升相关投顾人员的效率与产出。比如，某客户在与投顾的过往沟通中表现出投资股票和配置新兴资产的意图，AI大模型可以将某客户的投资意图、对股票和新兴资产的潜在偏好等总结成关键信息，快速地生成客户报告，帮助投顾快速理解客户，缩短沟通时间，投顾也可以在后续与该客户沟通中，快速调用该客户的关键信息，更好、更快地服务客户。

另一方面，AI大模型可作为智能投顾，基于对用户风险承受能力、投资意图等信息的全面了解，全方位分析客户需求和市场等，并给出投资建议。比如，在总结出客户投资股票和新兴资产的意图后，AI大模型将基于对客户需求的了解、市场趋势的判断、相关行业分析报告和交易策略的输入等信息，自动生成相关股票的基本信息、历史波动和未来趋势预判、推荐配置的新兴资产的信息以及可能的买入时间节点、买入方式、数量等投资建议。投顾可以综合个人的专业及AI大模型提供的客户画像与投资建议等信息，快速、高质量地回应客户需求。

目前，AI投顾助理难以完全理解客户的情绪和想法，收集的金融相关信息可能不精确。随着AI模型情感分析和自然语言处理能力的提升，未来有望极大赋能各金融机构的财富管理团队，优化相关流程，提高投资顾问的沟通及服务效率，增加投资顾问团队的产出，并提高人效。

3.投研：收集信息助力决策，提高投研环节效率

当前AI大模型可以大量浏览国内外行业信息和数据，分析宏观环境、行业、公司信息，抽取与提炼关键信息，同时自动总结访谈纪要和内部报告要点，将

公开信息和内部信息进行整合和分析，自动生成研究报告初稿，大大缩短分析师收集信息和整理信息的时间，分析师综合 AI 大模型提供的初稿以及个人专业判断，快速修改并完成研究报告的撰写。人机配合提高研究效率，进而提高投资决策效率。

值得注意的是，投研决策除了基于宏观政策、上市公司公告等公开信息外，还涉及公司走访、专家访谈等私域数据。当前通用 AI 大模型在投研场景的准确度仍然较低，需要经过内部私域数据单独训练，才能更好地用于投研领域。随着未来更多金融垂类数据及语料进入 AI 大模型，预计将会出现金融垂直通用大模型，提高投研效率。

4. 风控：实时分析数据，更好监控风险及生成风控报告

AI 大模型可以实时监控和分析数据，自动分类并从部分非结构化数据中提取关键信息，更快地检索、更好地识别出问题，或者从与客户沟通等自然语言信息中识别潜在的欺诈风险，及时向风控人员发出交易警示，辅助分析异常交易，并生成规范性的风控报告等，部分缩短针对复杂异常交易的冗长人力分析过程。语言类大模型的也可以用于更好地解读征信报告，协助银行等金融机构更好地评估客户的信用风险，比如小微企业主的信贷评估风险等。除了识别异常交易外，人工智能可以协助从大量资产价格变动趋势中灵活调整风险管理策略，降低投资组合的波动性。

AI 大模型有助于金融机构更快、更准确地监控金融风险。尤其是对于整体数字化能力相对薄弱的中小金融机构而言，未来如果能够直接使用机构提供的大模型或根据大模型进行部分定制化开发后再使用，可以促进中小金融机构实现数智化转型并更好地管控金融风险。

5. 承保与理赔：自动分析信息，人机交互提升用户体验

AI 大模型可以通过投保申请、风险评估、报价管理、合同管理等环节，提高保险承保环节的效率，减少失误率，并提升用户体验。投保申请阶段，AI 大模型可以自动识别并提取信息，使得信息录入更加准确和高效，并提供在线咨

询、智能问答等服务，更加智能地与客户互动，更准确地理解客户投保意图，然后依据历史对话和消费记录等推荐最匹配客户的保险产品。同时，大模型可以培训保险顾问，基于大量历史数据，通过角色扮演、案件准备等情景化教学方式给保险人员做职业培训，并在销售过程中指导保险从业者，在每个潜在的销售时机给出具体建议。风险评估方面，AI大模型通过承保、索赔等相关数据，辅助评估潜在风险，例如虚假申请、欺诈行为等，帮助快速识别高风险候选人并提醒保险人员，对不同风险级别的客户生成个性化方案。报价管理方面，AI大模型可以给客户提供定制化的报价方案，实现精准定价，并根据不同客户和时间推移不断优化。合同管理方面，利用AI对合同进行智能管理，帮助保险公司更好地跟踪合同生命周期，及时处理与提醒客户合同条款的变化，从而提高合同质量和准确性。

AI大模型可以通过损失通知、索赔处理等一系列流程提高保险的理赔环节效率、减少失误、避免损失、提高客户满意度。当客户报案时，AI大模型可以自动精准识别并提取信息，从而加快索赔处理速度。同时，可使用AI大模型进行实时风险评估，识别潜在的欺诈行为和异常情况，例如虚假索赔或重复索赔，可以帮助保险公司快速采取必要的措施并防止风险。人工智能对历史数据进行挖掘和分析，可以了解可能的风险和趋势，并预测未来的索赔需求，自动撰写相关报告，赋能保险公司资源规划和策略调整。

海外保险科技公司COVU研究预测，使用ChatGPT等人工智能工具可将保险公司客户服务成本降低多达30%。AI大模型可以帮助保险公司提高承保效率、降低客户服务成本、提升理赔合理性和评估准确性、提高客户体验和服务质量。未来保险业可能会出现更小型代理团队甚至独立保险代理人，一系列基于AI大模型的工具将会更加有效地赋能，并进一步提升保险行业的智能化水平和行业效率。

6. 中后台：降低合规成本，提升中后台团队效率

AI大模型能够极大地降低合规、法务、客服、IT等中后台团队的人力成本。

合规与法务环节，AI可以独立进行大量相对规范性资料收集、整理、生成和沟通任务，比如，快速解读金融相关法律、合规、政策类文件，帮助法律专员更有效地审核相关文件，自动按照需求和规范生成合规和法务报告等。客服环节，AI通过文本、图像和音频，为用户实时提供消息和问答，根据用户反馈自动生成个性化建议，为用户提供良好的服务体验。IT环节，AI帮助数据采集、数据预处理和数据标注，同时自动生成代码、代码注释，并自动化测试和解决代码问题。金融行业涉及大量相对规范性资料以及数据的收集、整理、生成和沟通，AI大模型能极大地赋能银行、资管、证券、保险等各类金融机构的中后台环节，极大地简化相关流程，优化人员配置。

（二）全球金融行业开展在AI大模型应用领域的探索

从国际上看，不少机构开始推出金融领域大模型，通过自研或与大模型能力强的公司合作，使用其预训练模型并结合金融机构自身多年积累的金融数据集，包含金融相关语料库等，深度整合内外部能力与资源，高效便捷地使用大模型。全球领先的应用实践展现了大模型降本增效、提高金融服务质量的作用，挖掘出大模型在赋能财富管理、金融新闻撰写等场景的应用潜力，对于全球金融机构在AI大模型领域的探索有启发作用，进一步推动了金融行业数智化转型的浪潮。

●彭博社：增强通用自然语言处理能力在金融领域的应用

彭博社基于长期金融领域洞见，积累了高质量财经新闻、数据等金融语料库，同时采用通用数据以及金融领域数据训练大模型，并发布了BloombergGPT。BloombergGPT对金融领域相关问题有较强的理解和推理能力，能较好地理解金融新闻和数据里的"市场情绪"。金融自然语言处理任务方面，BloombergGPT在同等规模的开放模型中表现出色，又兼具通用大模型基准的性能。BloombergGPT模型有较严格的风险评估流程，在选择金融语料库的时候避免选择有害的、有偏见的语言。应用场景方面，BloombergGPT结合彭博语料库和公开语料库，能辅助金融咨询写作，解决金融领域问题，查询相关数据。BloombergGPT未来可能用于赋能理财顾问等场景。

●摩根斯坦利：降低沟通成本，人机配合提升效率

摩根斯坦利财富管理团队和OpenAI合作，利用内部庞大的研究资源和数据库，训练出基于GPT-4的内部对话式AI。财富管理顾问之前需要浏览大量信息找到参考答案，AI大模型帮助顾问定位和搜集需要的信息，提高和客户的沟通效率，充分利用摩根斯坦利数十万页语料库。

未来AI或将具有分析复杂问题的逻辑和能力，分析和推理更复杂的信息，通过和投研人员及客户的沟通，给出更合理的投资建议，人机配合度更高，助力投资顾问环节降本增效。

●LTX：打造债券领域的BondGPT，助力美国公司债券市场

金融科技公司Broadridge子公司LTX和OpenAI合作打造BondGPT，通过将实时债券数据语料输入到GPT-4中，训练出聚焦债券领域的大模型，赋能金融机构、对冲基金等简化债券投资流程以及提供投资组合建议。BondGPT可以提供债券相关问答服务，比如"在过去30天的时间内，哪些零售企业债券收益最高"？BondGPT可回答符合需求的公司、利率、价格、发布日期、到期日期、债券评级等关键信息。除此之外，还可选择特定数据并将数据进行可视化输出。金融行业对数据准确性和安全性要求高，BondGPT整合Broadridge海量金融数据，并聚焦债券领域，相关回答的准确性更高，增强债券交易与分析，提升了债券市场的透明度和数智化程度。

从国内看，金融行业也开始布局AI大模型，优化服务能力。中国金融机构纷纷布局AI大模型应用，利用数据驱动的方法，通过强大的计算能力和模型训练，提供智能化、个性化的金融服务。具体方向涵盖风险管理、信贷决策、投资顾问、客户关系管理和数据分析等领域，旨在提高金融业务的效率、安全性和用户体验。例如，农业银行推出类似ChatGPT的AI大模型ChatABC，并通过农业银行问答助手、工单自动化回复助手，给客户更丰富、个性化的搜索服务

体验，享有智能化、高效率的工单支持服务；工商银行发布金融行业通用模型，更好地赋能客服、风控及运营管理等环节，提升识别客户来电诉求与情绪的准确率，智能提取利率等信贷审批关键内容，以提高信贷决策的准确性和效率等。此外，中信证券、申万宏源、广发证券、汇添富基金等金融机构也在积极探索AI大模型在金融行业的应用。

（三）AI大模型应用于金融领域需要关注的问题

近期的ChatGPT泄露数据事件，引发各国政府关于生成式AI安全问题的讨论。金融行业存在大量高价值的私域数据，金融行业也是国际竞争的关键行业之一，数据安全和内容安全至关重要。

数据安全将是大模型在金融领域应用的首要关注点。金融公司通过大模型训练金融垂直行业模型，需要输入大量私域数据。一方面，金融机构在使用AI大模型时如果在厂商服务器或云上训练，涉及的大量用户和交易数据如果受到未经授权的访问、泄露或滥用，可能导致用户隐私泄露、身份盗窃和金融欺诈等问题，对金融机构和用户造成严重损害，责任难以界定。另一方面，如果为了保障数据安全，中小金融机构在本地部署大模型进行训练，训练效率将显著降低。此外，金融机构接入国外的大模型需要考虑国家数据安全。

AI大模型对内容安全审核提出了更高的要求。随着大模型下图文、文字生成成本更低、仿真度更高，对内容安全审核提出了更高的要求。比如：在身份识别过程中，AI大模型通过生成图片或视频"欺骗"人脸识别。目前Open AI和谷歌均在探索对于AI生成内容的识别能力。金融账户往往涉及高价值资产，相关身份认证过程中的安全尤为重要。此外，AI大模型本身生成的内容也可能存在涉黄、涉政、涉恐等内容风险，对于语料库的筛选和生成内容把关也是新课题。

三、政策建议

当前，整体上我国大模型处于"追赶者"的角色，AI大模型在金融行业尚处于起步阶段，在产业端和应用端存在着诸多挑战。笔者有如下建议。

一是建议国家和监管部门多出台支持国产AI大模型研发和应用的政策。目前我国AI大模型还处于行业初期，需要鼓励行业参与者积极投入促进行业的发展；企业更需具备创新思维，持续投资优化大模型的表现。因此，建议多一些包容和鼓励的政策，鼓励企业迎头赶上，降低成本，加大投入，避免产业在大模型AI竞争中保守被动。

二是建议在产业端完善AI大模型产业配套。在算力基础设施方面，建议国家大力支持国产人工智能芯片研发和智能算力服务平台的发展；并推动产业在通用AI大模型的基础上打造金融垂直行业的大模型。

三是建议鼓励探索多场景AI大模型在金融领域的应用。AI大模型是金融机构数字化转型的重要抓手之一，在营销、投顾、投研、风控等方面能够极大程度实现降本增效。但目前，尚无指导文件，大多数金融机构仍处于观望阶段，主要是头部大行在研发采购，中小金融机构面临"用不起"的难题。一方面，建议出台金融行业应用AI大模型的指导意见以及技术标准，可以参照人民银行对隐私计算、云计算等前沿技术标准制定，鼓励金融机构在有效控制风险的前提下，探索应用，在应用中不断完善；另一方面，考虑成立专项基金，以项目奖励、人才激励等方式支持我国中小金融机构与高校、AI大模型企业等合作研发，推动AI大模型技术的落地和普及，让更多金融机构，特别是中小金融机构能够享受到AI大模型技术带来的益处。

行业监管方面，考虑到目前我国AI大模型还处于行业初期，还需要鼓励行业参与者积极投入促进行业的发展；整体上我国大模型处于"追赶者"角色，企业更需具备创新思维，持续投资优化大模型的表现。因此，建议监管框架更具包容性，通过科学的监管方式，鼓励企业迎头赶上，降低合规成本，加大投入，避免产业在大模型AI竞争中保守被动。

大语言模型在金融知识服务中的挑战与应对

随着AI输出内容的逼真程度不断提高，我们可能会分不清哪些是由AI生成的，哪些是由人类创造的。给AI生成的内容打上数字水印，是否可以解决？AI生成内容的版权问题如何界定？一系列新的问题和挑战已经出现，等待我们去解决。

庞　斌
孔　夏

庞斌系沃丰科技技术专家
孔夏系金融科技50人论坛青年学者

随着生成式大语言模型（LLM）如ChatGPT的崛起，金融知识服务领域正受到深刻影响。大语言模型具备的强大语言理解和组织能力，为金融知识服务提供了提升质量的机会。然而，实现这一目标的具体路径却面临着众多挑战，包括数据筛选、计算资源、安全性和隐私性、模型输出质量等。本章将重点探讨模型输出质量方面的挑战，因为金融知识服务是比较严谨的场景，对信息的准确性和真实性要求非常高，而大语言模型却经常出现幻觉（hallucination）现象，编造答案。如果无法识别并避免这种现象，将会带来灾难性的后果。因此，我们需要采取有效的措施来确保大语言模型输出的信息准确可靠，以满足金融知识服务领域的高要求。

一、问题产生的背景

全球人工智能技术的快速发展，为经济社会发展带来巨大机遇。大语言模型作为人工智能领域中的一项重要技术，通过深度学习和自然语言处理技术，赋予人工智能强大的语言理解和生成能力。为进一步促进大模型落地各类应用场景，2022年8月，科技部发布《关于支持建设新一代人工智能示范应用场景的通知》，支持建设新一代人工智能示范应用场景工作。国家网信办等七部门联合公布的《生成式人工智能服务管理暂行办法》自2023年8月15日起施行，旨在促进生成式人工智能健康发展和规范应用，维护国家安全和社会公共利益，保护公民、法人和其他组织的合法权益。这些政策与办法，为大语言模型在金融应用场景这一垂直领域的发展提供了保障。

2023年，ChatGPT的发布使众多人了解到大模型实际落地的潜能。但诸如ChatGPT的大语言模型在金融领域的使用中仍然暴露了一些问题。大语言模型无法存储互联网上的所有信息，金融领域专业知识存在一定的匮乏性，金融信息存在一定的滞后性，对金融政策把握不够精确，存在模糊性等。大语言模型具有非常大的参数数量，当我们与大语言模型互动获取金融知识时，能够得到大量的信息，进而形成对这些事物较为深入的了解。然而，这并不意味着大模型能真正理解问题的本质，获得的信息也并非全面准确。因此，当大模型输出时，存在信息保真度损失的可能。创造性是生成式大模型带来的独特价值，而创造性和追求事实之间往往存在矛盾。"幻觉问题"反映出了大语言模型与金融业存在着内生性矛盾。

为能够持续以有益的方式在金融知识领域使用大语言模型等新技术，充分发挥AI潜力，探讨大模型幻觉的成因和解决策略则显得至关重要。

二、问题描述

在自然语言处理领域，"幻觉"（hallucination）是一个广泛使用的概念，通常指生成无意义、不符合事实，或者与来源内容冲突的内容。在大语言模型的范畴内，幻觉问题可以被分为三类。

第一类是与输入相冲突的问题，也就是大语言模型生成的内容与用户提供的输入源相背离。用户对大语言模型的输入通常包括任务指令和任务输入。大语言模型生成的响应与任务指令之间的矛盾通常反映了模型对用户意图的误解。例如在金融领域，任务指令可能是要生成一篇财经报道的摘要，而任务输入则是这篇报道本身。模型可能会生成与该财经报道无关的内容，但是以摘要的形式呈现。

第二类是语境冲突性的问题，指的是大语言模型生成的内容与之前生成的信息本身相冲突。在生成冗长的，或者多轮回答的过程中，模型可能会表现出自我矛盾。这种问题产生的原因可能是模型在整个对话过程中失去了对上下文的跟踪，或者无法保持长期记忆的一致性。在金融智能客服对话场景中，这种情况可能会发生。例如，智能客服刚开始在介绍基金A产品，但是后续对话中却错用了基金B的部分内容，缺乏内容一致性。

第三类是与事实相冲突的问题，指的是模型生成的内容与现有的世界知识相矛盾。在金融领域，指的是生成的内容与金融常识或者事实冲突。例如，用户询问关于A股交易规则的问题，但是模型给出的答案却掺杂了美股交易规则或者干脆自己编造了一部分内容，这很容易误导知识不足的用户。因此，对于大语言模型的应用，需要注意避免以上三类幻觉的产生，以确保生成的内容准确、可靠、符合用户意图。

三、问题来源与解决策略

（一）模型训练阶段的解决策略

在大语言模型训练过程中，预训练、监督微调和基于人类反馈的强化学习是三个关键阶段，每个阶段都可能引入幻觉。

预训练阶段是大语言模型获取知识的主要阶段，模型会从海量训练数据中积累大量知识并内化在模型参数中。然而，如果训练数据中存在无法验证或不可靠的信息，或者模型内化了错误的知识，就会导致模型产生幻觉。为了减少幻觉的发生，可以采用人工或自动整理预训练语料库的方法，尽可能减少无法验证或不可靠的数据。在大语言模型时代之前，已经有一系列致力于人工消除噪声训练数据来减轻幻觉的工作。然而，随着预训练语料库规模的不断扩大，例如Llama2的大约两万亿个token的训练语料，人工整理训练数据越来越困难。因此，目前更实用的方法是自动选择可靠数据或过滤掉噪声数据。例如，GPT-3的预训练数据是基于与一系列高质量参考数据的相似性进行清理的。Falcon通过启发式规则从网络中仔细提取高质量数据，证明了经过适当分级的相关语料库可以产生强大的语言模型。Llama2在构建预训练语料库时，从维基百科等具有高度事实性的来源上抽取数据。总的来说，在预训练过程中，目前的研究主要采用简单的启发式规则来选择和过滤数据，而未来研究的方向是如何设计更有效的选择或过滤策略。

对于金融领域，如果考虑从0到1训练专有大语言模型，可以参考Llama2的做法，严控预训练数据来源，确保质量。

预训练后是监督微调（SFT）阶段，该阶段是从预训练模型中获取所需知

184

识并学习如何与用户互动的过程。在SFT过程中，我们需要标注或者收集海量的任务指令跟踪数据，并使用最大似然法（MLE）在这些数据上对预训练过的基础模型进行微调。为了减少SFT阶段的幻觉，我们需要对SFT的训练数据进行整理，可以选择手动或者自动整理。在SFT过程中，可能会因为行为克隆而引起大语言模型产生幻觉。为了解决这个问题，我们可以采用以诚实为导向的SFT，即在SFT数据中引入一些诚实的样本。使用这些样本的模型可以学会拒绝回答特定问题，从而帮助减少幻觉。例如在金融客服领域，SFT的指令训练集必须是筛选出的高质量交互数据，防止模型克隆错误的行为。这里的高质量，既包含内容质量，也包含同理心等服务态度方面的考量。

SFT阶段之后，进入基于人类反馈的强化学习（RLHF）阶段。在RLHF期间，可以设计一种专门用于减轻幻觉的特殊奖励机制，核心理念是鼓励学习者挑战前提、表达不确定性，并通过从特殊的奖励中学习来证明自己的无能，这种方法称为"诚实导向强化学习"。它与"诚实导向SFT"相比有两个优点：一是允许大语言模型自由探索知识边界，从而增强对分布以外案例的概括能力；二是减少了人工标注量，并且消除了对标注者猜测模型知识边界的要求。经过这种强化学习调整的模型，会在回答问题时表现得比较保守，比较适合大多数金融场景。

SFT加RLHF可以认为是一个"对齐"的过程，对齐具有很强的社会属性。目前OpenAI最大的竞争对手Anthropic主要研究的就是人工智能的"对齐"和安全性，OpenAI也于2023年成立了庞大的"超级对齐"团队进行此方面的研究攻坚。金融作为一个强监管且对精确性、可控性要求很高的行业，业务需要百分百合规、安全，因此，金融领域对齐的重点应该放在合规、诚实等方面，让大模型"说真实且专业的话"。SFT加RLHF有望解决大语言模型在金融领域"对齐"方面监管、合规等问题。

（二）模型推理阶段的解决策略

除了在训练时减少幻觉，在推理时减少幻觉更具有可控性，也具有更好的成本效益。

第一个路线是调整解码策略。 有研究团队就提出了一种称为事实核心采样的解码算法，利用top-p采样和贪婪解码的优势，在多样性和事实性之间取得更有效的平衡。还有研究团队发现Transformer模型中的某些注意力头对于模型生成内容的真实性至关重要，通过推理阶段在相关注意力头上采取一种特殊指令干预激活的方式（推理时干预ITI），可以有效提升大模型生成内容的真实性，同时与RLHF比有较大的成本优势。另外有研究团队发现，大型语言模型在处理下游任务时会出现无法充分关注与任务相关的检索知识的现象，特别是当检索到的知识与模型参数知识相冲突时。为了解决这个问题，可以采用上下文感知解码策略（CAD）。CAD方法能够让模型更多地关注上下文信息，而不是过度依赖于自身的参数知识来做出决策。

实验结果表明，CAD能够有效地激发模型利用检索知识的能力，从而减少下游任务中的事实幻觉出现。总的来说，设计解码策略减少大语言模型推理过程中幻觉出现的方案，即插即用易于部署。但是大多数金融机构使用的大语言模型，无法提供token级别的输出概率，会限制解码阶段的干预力度。

第二个路线是借助外部知识，作为补充证据来帮助大语言模型提供真实的回复。 这种方案包括两个步骤：第一步是准确获取与用户问题相关的知识；第二步是利用这些知识来指导模型回复。通过大量的预训练和微调，大语言模型已经将大量的知识内化到了自己的参数中，这些知识可以称为参数知识，但是不正确或者过时的参数知识就很容易会导致幻觉。因此，及时从可靠来源获取最新的知识，并将其作为模型推理时的参考（而不是训练时的训练语料），就成为解决此类问题的一种有效方式。

而对于如何获取外部知识，又可以分成多种不同的类型。一是通过外部知

识库，如大规模的非结构化的语料库，结构化的数据库如维基百科等网站，甚至是整个互联网。证据检索过程通常会采用各种稀疏或者密集的检索器，搜索引擎也可以被视为一种特殊的信息再提取器。二是其他一些参数知识指导框架，可以从微调的白盒模型的参数存储器中重新汲取知识。三是是通过外部的工具，比如说FacTool和CRITIC，一旦获得了相关的知识，就可以在不同阶段加以利用来减轻模型的幻觉。

现有的知识利用方法也可以大致分为两类：**一是生成式补充**，就是把知识和用户的查询先联合起来再作为提示发给模型，这种方法既有效又易于实施。这种知识也被称为上下文知识（context knowledge），而大语言模型本身就具有很强的上下文学习能力，所以能够从中提取和利用有价值的信息。**二是事后纠正**，也就是在后处理阶段构建一个辅助的矫正器来纠正幻觉。矫正器可以是另外一个大语言模型，也可以是一个特定的小模型。这种矫正器首先与外部知识源互动收集足够的证据，然后来纠正幻觉。总的来说，利用外部知识来减轻幻觉的方法，不需要修改大语言模型，是一种可即时使用的高效解决办法。其次它便于向模型传输专有的知识和实时更新信息。最后这种方法允许生成的结果追溯到源头，从而提高了模型生成信息的可解释性。

在金融知识服务场景，由于知识的更新频率高，而大语言模型训练周期长（通常以月为单位），时效性上无法匹配，因此第二种路线"借助于外部知识，作为补充证据来帮助大语言模型提供真实的回复"是比较推荐的。这种路线还降低了大语言模型底座和企业内部数据的耦合性，可以随时更换大语言模型底座（目前业内普遍共识是，未来不需要每家企业都从头开始训练大语言模型，大语言模型会成为一个基础设施），充分利用大语言模型的通用能力，结合企业内部数据，提供金融知识服务。

为了更清楚地解释上述理论内容，我们以用第二种路线实现的、基于大语言模型的金融客服助手场景为例，了解一下各种问题的解决策略。

四、案例－金融客服助手

背景：某金融机构，智能客服依据证券法规文档和上市公司公告研报相关文档，回答客户问题，并给出可追溯的答案来源。

系统架构如下：

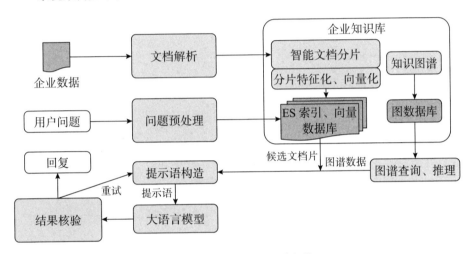

图1　金融智能客服系统架构

针对具体的用户问题，首先要从海量的企业知识库里找到相关文档，作为后续大语言模型回答的依据。企业文档多种多样，可能是多模态的，包含视频文档、音频文档、文本文档。首先要做的是充分解析这些文档：视频音频文档可以利用OCR+ASR技术提取文本内容，而文本文档（PDF、Word、PPT、Excel、网页）则要通过定制的解析器（结合OCR能力）解析。

解析质量会直接影响内容的信息损耗。高质量的解析，会提升用户的交互体验。比如通过记录更多的图片特征，可以实现图文回复（注：不是ChatGPT-4的Code Interpreter自己生成新图，而是文中原图），达到下述效果：

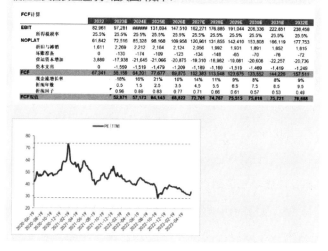

图 2　金融智能客服示例

　　文档解析作为影响模型生成答案质量的第一个漏斗，是非常重要的，实际应用中却最容易被忽略。

　　文档解析后，需要进行切割分片。因为大语言模型的输入长度有限，很多情况下不能输入整个文档内容，也没必要输入太多内容，因为这将耗费更多的模型推理时间。比较合理的方式是找到问题相关的片段，让模型基于片段回答该问题。因此，分片的合理性非常重要，不合理的分片会直接影响到后续模型生成答案的完整性。分片算法也有很多类型，比如基于目录层次分片、布局分片、文本长度暴力分片等。需要根据具体的文档，选择合适的分片算法。比如

189

财报类型文档，采用基于目录层次的分片效果就比较好。

文档内容分片以后，为了方便后续与用户问题匹配，需要将其存储到一个方便检索的数据库中。传统的方式是存储到ES一类的文本索引，大语言模型兴起后使用向量数据库的越来越多。向量数据库可以从海量数据中用向量检索的方式快速召回语义相关的片段。这里将文本向量化的模型对召回效果影响最大，目前使用效果良好的，如OpenAI的"text-embedding-ada-002"模型，这和训练向量化模型的语料数据的质量和数量有关。值得注意的是，对一些企业特有的专业术语，大多数向量化模型由于在训练时缺乏相关语料数据，召回效果并不稳定，这也是为什么此处架构中没有放弃传统的文本检索方式的原因。采用关键词文本检索和向量检索双召回的方式，效果会更加稳定。

当然，如果企业有构建好的高质量知识图谱，也可以利用图查询的方式，对查询词进行动态语义拓展后进行召回。

在利用问题进行内容分片或者知识图谱内容召回前，还有非常重要的一步，就是对问题进行预处理修正。典型的例子就是根据聊天上下文，对问题就行补全。举个例子，比如用户第一个问题是"宁德时代2023半年报中本期每股收益"，第二个问题是"政府补助多少"，如果直接用第二个问题去召回分片，那么"比亚迪""科大讯飞"等很多公司各个报告期财报中的政府补助信息都会召回。但是经过预处理的问题补全后，问题变成了"宁德时代2023半年报中本期政府补助多少"，这样召回就比较准确了。这实际上是在解决第2部分中第二个语境冲突性"幻觉"问题。关于怎么实现问题的补全和重写，可以参考微软的New Bing那样训练一组专有的搜索词生成模型（需要"查询语句-关键词"对应关系的训练语料，这需要不小的工作量），这样的好处是响应快效率高。也可以让大语言模型帮助生成，优点是实现简单，但会牺牲一些效率。

召回了内容分片和知识图谱内容后，需要构造提示语（prompt），并和问题一起输入给大语言模型，期待模型生成答案。这里提示语的构造是很关键的，直接影响到和大模型交互的效果，并且不同的大语言模型，对相同提示语的理解是有差别的。这里更多的是依靠经验的积累，有点"玄学"，不过越来越多的经验正在被人们梳理总结。以当前场景为例，可以将大语言模型的temperature设置到最低（temperature越高，模型自由发挥的可能性越高），然后构造这样一个prompt："仔细阅读下述片段，回答下面的问题。答案只能来源于所给片段，不要凭空编造。如果没有从所给片段中找到答案，或者答案模糊不清，你只需要说：我不知道.
 片段：.....
 问题：....."。这样做实际上是想解决第2部分中第一个与输入相冲突的"幻觉"问题。

在实际应用中，虽然大部分情况会像我们预想的那样，模型按照相关文本事实回答问题，但是仍然不能百分之百保证。所以，需要一个结果核验的过程，判断模型是否在偏离事实地回答问题，即解决第2部分中第三个与事实相冲突的"幻觉"问题。核验可以综合利用多种手段，比如衡量答案和文本的关键词重合率和顺序一致性，构造prompt让大模型自己反思等。考虑到金融行业的特殊性，可以加强合规性判断，引入专有的合规性检验模型，或者让大语言模型理解合规性规则后进行判断。核验标准可以严格一些，金融客服场景模型拒绝回答（转人工处理）比给出不合适的答案要好。另外，如果选择模型非流式输出，由于可以拿到全部回复以后再进行核验，准确率会更高也易于处理，但会影响用户体验，直观感受就是回答比较迟钝、不顺畅。而用户体验顺畅的流式输出，由于输出过程中无法得知后续输出内容，所以核验策略比较复杂。采用哪种方式，需要根据具体场景和服务对象进行平衡取舍。

上述架构，通过在各个环节采取比较合理的策略，可以保证大语言模型在金融客服场景服务的安全性和准确性。比如，沃丰科技借助于原心大模型（CoreMind）的智能化升级，使其在线文本客服迎来全新的发展机遇。原心大模型以其独特的自然语言处理和深度学习能力，综合采取多种策略，解决可能出现的"幻觉"，赋予在线文本客服更高效、更智能的服务能力。该模型通过不断学习和优化，能够主动积累新的知识和技能，随着时间的推移变得越来越智能，问题解决的准确性和全面性、客服场景服务的安全性也在逐渐提高。

五、总结与展望

以ChatGPT为代表的生成式语言模型，以及以Midjourney和Stable Diffusion为代表的图像生成模型能力越来越强，其必将在金融领域产生更大的影响力。目前，我们仍在努力提高AI输出的质量，以期望它能够替代人类完成某些工作。但是，随着AI输出内容的逼真程度不断提高，我们可能会分不清哪些是由AI生成的，哪些是由人类创造的。给AI生成的内容打上数字水印，是否可以解决？AI生成内容的版权问题如何界定？一系列新的问题和挑战已经出现，等待我们去解决。

大模型在银行客户体验管理和客户经营领域的应用实战

14

孙中东

陈　涛

开放银行论坛研究院

"大力出奇迹"，量变产生质变，由此大模型出现了很多超乎意料的能力，也展现出了优秀的上下文学习能力，使其可以像人类专家一样，基于当前场景对客户需求和行为模式进行合理推断，并准确识别每一个交互点客户的意图、情绪和预期，从而实现客户旅程的"个性化动态优化"。

一、背景：数字化转型中的存量竞争困局

（一）明争暗夺：数字化转型深水区，存量竞争愈演愈烈

中国经济增长放缓、利率市场化改革深入推进，银行业"黄金十年"已经过去。银行业面临增长放缓、成本上升与客户需求变化三大挑战。

在经济下行压力加大的大环境下，银行业资产与利润增速均有不同程度下滑。银行业资产规模增速由 18% 下降至 11%，税后利润增速由 20% 下降至 6%。监管层出台的资管新规、大额风险暴露管理办法、流动性风险管理办法等新规，使合规与风控成本持续攀升，给银行盈利能力带来较大压力。

数字科技与移动互联网的广泛应用，催生了"以客户体验为中心"的新理念。客户期待银行提供端到端的数字化与智能化服务体验。如果银行仅开展网点或 APP 端的体验优化，而中后台业务流程仍然烦琐冗长、反应迟缓，已远远不能满足客户需求。每位客户平均与 3 家以上银行有业务关系，一旦客户体验不佳，可能直接导致客户休眠或流失。

除传统银行外，大量金融科技公司与互联网企业也加入金融服务市场，对银行客户资源展开直接竞争。特别是众多互联网巨头，在利用数据与技术打造用户体验方面位于全球领先地位，其加入将进一步加剧市场竞争与挑战，成为银行的强有力竞争对手。

可以预见，存量竞争仍将持续升级和演化。银行业数字化转型任重道远，需要不断探索突破口。只有把握新机遇、积极应变，才能在数字化浪潮中占据先机。

（二）问题纷呈：银行客户体验现状亟待改善

当前，我国银行客户体验整体水平仍有较大的提升空间。根据《2022 中国银行业 NPS 白皮书》（如图 1）中统计的部分银行 NPS 得分可以看到，领先银行与落后银行在客户体验上的差异较大，行业整体 NPS 平均水平较低。

NPS全名为Net Promoter Score，中文名称为净推荐值，是一个量化指标，用于衡量客户是不是愿意推荐企业的产品或服务，是业界用于评估客户体验和客户满意度的主流分数。

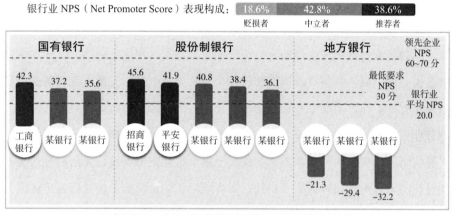

图1　各银行NPS表现一览

来源：2022中国银行业NPS白皮书

具体来看，部分领先银行的NPS值能达到40分以上，这些银行在服务理念、流程设计、技术应用等方面处于行业领先，能够较好理解并满足客户需求，获得客户高度认可与推荐。

而部分地方银行的NPS值在负20分左右，说明大部分受访客户不愿意推荐他人选用该银行服务，客户体验存在较大提升空间。

行业整体而言，NPS平均值在20分左右，属中等偏低水平。这个数据意味着大多数银行产品或服务还不能真正满足数字化时代客户的需求与期待，在业务流程、服务标准、科技运用等方面仍存在较大提升空间，这也是当前我国银行业竞争力提升与转型发展面临的重大障碍。

在和银行客户的访谈和调研过程中，我们可以观察和了解到各式各样的客户体验问题。

一是产品体验不佳，产品定义和设计不以客户需求为中心，功能单一。**二是渠道体验不连贯**，不同渠道客户数据无法有效打通共享，服务链路存在断点，不同渠道之间业务范围和体验存在差异。例如，网银可开通存款和转账，但无法申请贷款，移动银行无法办理某些柜台业务等。**三是信息不对称**，银行业务种类纷繁复杂，客户难以全面了解银行各类产品、服务、收费规则，影响最佳决策。**四是业务流程复杂烦琐**，办理周期长，影响客户体验。例如，开立账户需多天方能完成，贷款审批周期长达一个月甚至几个月。**五是人工服务态度和效率不佳**，工作人员服务意识和技能需要提高。例如，热线等待时间长，柜员办理业务态度不友善，专业度不够，解释不清晰。**六是客户投诉处理不力**，客户异议难以得到及时回应和妥善解决。**七是个性化定制不足**，无法精准匹配不同客户需求。例如，贵金属客户往往需要顾问式的金融服务，年轻客户更需要移动银行的便捷体验。但许多银行产品和服务对不同客户群体采取"一刀切"的方式。**八是数据应用不够充分**，无法全面挖掘客户数据价值，实现基于数据的定制化客户体验。例如，缺乏客户画像和客户价值评估模型，无法精准定位重点客户。**九是客户服务触达点有限**，重渠道轻场景，难以覆盖客户生态圈内所有关键步点。

（三）知易行难：实践之路困难重重

尽管意识到客户体验管理的重要性，但在具体实践层面，银行仍面临诸多困难。

1.**组织架构方面**：缺少统一和集中的部门来组织和推动全行客户体验管理，未制定全行性的客户体验管理战略，体验管理工作分散在各个业务条线和部门，本质上未实现全面、深度的客户体验管理，仍是"部门银行"思维，不利于跨部门、跨渠道的全行资源的配置和调度。

2.**管理机制方面**：未制定全行标准的客户体验管理流程、管理制度和考核机制，前中后台各自为政，未明确统一的客户体验管理目标，难以形成合力和高效的协同，体验管理工作成效大打折扣。

3.**方法手段方面**：体验监测方法太过单一，片面依赖问卷调查和神秘人暗访等传统和局部的体验监测手段；片面关注前端优化，仅聚焦于客户交互界面体验的设计，而忽略与后端的衔接，核心业务处理方法、流程和业务模式却并未改善，治标不治本。

4.**系统支持方面**：仅进行孤立零散的系统建设，不成体系，体验数据的采集也分散在各个业务条线或部门，形成体验数据孤岛，未能呈现全行统一的客户体验视图，无法为前中后台的整体业务重塑提供有效的数据洞察和系统能力支撑。

可以看出，从认知到落地，客户体验管理仍有很长的路要走。银行需要系统谋划，逐步推进组织变革、流程优化、数据和技术运用等方面的提升，才能实现客户体验的整体飞跃。

二、方案：大模型赋能银行建立超个性化客户经营体系

随着大规模异构数据分析和大规模预训练语言模型等通用人工智能技术的广泛应用，银行业能够积累海量的多源异构客户数据，获得定制个性化客户服务的可操作性数据支撑；同时，大模型在自然语言处理、知识推理等能力上的技术突破，为银行实施基于深度个体理解和精准需求预测的超个性化客户关系管理创造了可能。

一方面，银行可以优化客户画像平台，进一步整合内部业务数据和外部行为数据，通过大模型构建精细化用户标签和个体用户偏好识别，全面洞察客户需求。

另一方面，以大模型为基础的生成式人工智能技术可以被广泛运用于提高客户洞察和服务能力。比如实现智能客服，语义分析提升舆情监测效果，知识图谱支持智能问答和智能推荐，机器学习实现精准营销等。

在此基础上，银行可提供定制化的营销方案、主动的财富管理建议、智能的客户服务等，极大提升客户感知体验。

197

（一）超个性化：客户体验管理的未来

"超个性化"将传统的个性化提升到一个全新的高度，通过领先金融科技的大规模应用，将 VIP 客户才能享受到的一对一服务普及每一个银行客户，为每个客户提供高度定制的金融服务体验。通过深刻理解每个客户的需求，实现更精确的服务定位和内容定制，超越了传统的个性化。超个性化的方法对每个客户进行深度触达，提供独特的、单一个体相关的产品、服务和价值，给客户带来真正令人愉悦的体验。

超个性化的客户体验具备以下五个特征。

一是洞察更深入：超个性化需要更深入地了解每个客户，包括他们的偏好、过去的体验、行为和动机。相比之下，传统的个性化只依赖表层的数据，如人口统计信息和过去的购买记录。

二是数据更丰富：超个性化利用来自多个渠道的各种客户数据创建全面的客户画像，包括社交媒体活动、位置数据、浏览历史记录等。相比之下，传统的个性化通常依赖更有限的银行内部数据。

三是定制更细化：超个性化致力于为每个客户提供高度独特和定制化的体验。相比之下，传统个性化提供面向客户群体或细分市场的定制选项或内容。

四是内容更相关：超个性化体验旨在针对每个特定客户提供"惊人"的精准相关性和定制程度。相反，传统个性化提供基于群体特征的相对通用的相关性。

五是技术更先进：超个性化利用先进的技术如 AI 和机器学习来分析海量客户数据并确定最合适的个性化体验。而传统个性化更依赖规则和已知的客户偏好。

（二）"两 E 齐飞"：全面体验管理 + 超个性化经营 = 第二增长曲线

面对数字化带来的巨大冲击，银行业亟须开启第二增长曲线。其关键在于构建差异化的核心竞争力，实现从粗放式的产品思维到精细化的客户思维的转变。

"两E齐飞"的第一个E是Experience，即全面提升客户体验。银行需贯穿感知、接触、交易全链路，重新审视客户痛点，优化营销、渠道、服务、运营等方面的体验。同时，加强组织协同和员工培训，确保提升措施得到有效执行。

"两E齐飞"的第二个E是Engagement，即实施超个性化客户经营。运用大模型等新技术手段，深度洞察客户需求，实现精准用户画像和全面数据运用，主动提供定制化的客户经营方案，不断优化模型迭代和业务扩展，形成核心竞争壁垒。

整合两个E所代表的两大能力，银行可以提升用户黏性，增强品牌忠诚度。在数字化红海中，依靠差异化客户体验和超领先的客户洞察力，绘制出银行业可能的新蓝海，孕育更多非线性的增长空间，实现新的发展飞跃。

（三）从群体到个体：大模型打通实现超个性化的最后一公里

银行经营客户的方式越来越细致，逐步从宏观的群体化经营向微观的个体化、精细化运营不断优化演进。

当前银行普遍采用相对成熟的宏观分层的经营模式，通过对客户的资产规模进行分层，形成差异化的价值主张和打法，并以此为导向，确立不同分层的客户的覆盖模式和银行组织架构，以及对应的评价考核等配套体系。

领先银行正在积极实践细化分群的经营模式，包括经验驱动的重点客群经营模式和数据驱动的微客群经营模式。经验驱动的重点客群经营是根据经验判断，识别需要银行重点关注的优势客群或潜力客群。数据驱动的微客群经营则是依托大数据分析，根据客户特征和行为数据，实现更加细致的客户群体划分，针对不同微客群制定差异化经营方案。

未来面向每一个体的超个性化经营模式必将得到发展，通过规模化的AI驱动，解决银行人手不足以及客户经理无法覆盖每一位客户的问题。大模型能够基于海量非结构化数据实现对用户画像和需求的精确感知，打通实现超个性化的最后一公里，实现真正意义上的一对一精准化客户经营。

可以预见，在大模型技术的助力下，银行客户经营必将向着个体化方向演进，客户感知和响应也将达到前所未有的准确度。

（四）灵活多变：银行大模型应用技术模式总结

从技术角度出发，银行使用大模型有多种方式，例如提示词工程、知识库、AI智能体、微调。

提示词工程：提示词工程方式可以直接利用大模型的预测生成能力，应用于智能客服、信息抽取等场景。简单易用，无须训练，但是创新性有限。

知识库：知识库方式是将大模型与金融知识图谱等外部知识库相结合，进行知识驱动的语义分析、推理和决策，可应用于业务咨询、智能投顾问等复杂场景，知识库模式能够实现知识驱动，提升关联推理能力，但依赖知识库质量。

AI智能体：AI智能体是一种能够感知环境、进行决策和执行动作的智能实体。仅需给AI智能体定一个目标，它就能够针对目标独立思考并做出行动，它会根据给定任务详细拆解出每一步的计划步骤，依靠来自外界的反馈和自主思考，自己给自己创建prompt，来实现目标，是在大模型基础上，通过深度强化学习进行知识迁移和技能学习，可逐步演进成智能银行顾问或智能投资顾问。

微调：微调方式是在大模型预训练语言表示的基础上进行目标任务微调，可应用于个性化推荐、用户舆情分析等。微调方式能够保留大模型的语言理解能力，并适应下游任务，但是也存在一定的过拟合风险。

以下是对于几种方式的简单对比。

表1　银行大模型应用技术模式对比

项目	提示词工程	知识库	AI智能体	微调
技术原理	通过设计输入提示来引导模型生成高质量、准确和有针对性的输出	基于业务领域知识数据集对大模型数据进行补充	"大模型的身体"，基于大模型完成各项工作	基于领域数据和预训练模型进行再训练
应用场景	非严谨的问答场景	业务咨询、问答	自动化工作流	垂直领域模型推理
数据要求	无要求	业务领域知识数据	业务领域数据、流程	垂直领域业务数据
实施难度	低	一般	高	高
算力要求	一般/无	一般	一般	高
人员要求	懂业务	工程类研发人员	懂业务的工程类研发人员	算法类研发人员
总体难度	简单	一般	较高	高

总体来看，从易用性来看，提示词工程最简单，微调最复杂，知识库和AI智能体的实现也有一定的技术挑战性。从能力上看，提示词工程和微调以语言建模为主，知识库和AI智能体在此基础上扩展知识应用和交互能力。

银行可根据业务需求，根据不同场景需权衡易用性和能力需求，选择不同的技术方式来实施大模型应用。未来发展方向是知识与交互的深度融合，支持复杂决策和交互，这最能发挥大模型技术优势。

（五）实施框架：超个性化客户经营框架

银行的超个性化经营框架主要基于4+1的模式，4+1当中的1是指对每一个客户实现一对一的个性化经营，4是指客户经营需要重点关注的4个维度：个性化选择、个性化渠道、个性化时机、个性化触达方式。

针对**个性化选择**，大模型可以根据客户特征和行为数据，实现产品精准匹配，进行动态的销售奖励设计，主动推荐个性化内容，提供定制化服务，实时调整优惠定价，设计差异化会员计划等。

针对**个性化渠道**，大模型可以根据客户使用习惯，实现网页、APP、社交媒体等的个性化展示，定制推送信息内容和频率，选择最佳的服务渠道。

针对**个性化时机**，大模型结合地点、天气、时间和场景等多维数据，识别最佳营销触客时机，实现精准触达。

针对**个性化触达方式**，大模型可以根据客户兴趣和响应情况，选择最优的互动方式，实现个性化的事件营销和品牌传播。

可以看出，大模型需要通过对客户进行全面追踪和建模，实时计算出最优的超个性化策略。它既拥有强大的自学习能力，也可与业务系统深度集成，支持银行实现真正意义上的一对一营销，让客户获得个性化的关怀与增值服务。

随着模型的迭代升级和场景的不断扩展，超个性化客户经营体系必将成为银行核心竞争力。银行也将由"产品中心"向"客户中心"业务转型，建立起更贴近客户、更主动的经营模式，这是银行实现数字化转型，在存量竞争中取得优势的关键所在。

三、实战：银行全面体验管理场景下的大模型应用实战

（一）架构先行：应用架构和技术架构规划

银行实施大模型应用，首先应该进行架构规划，主要包括应用架构和技术架构两个方面。

1.应用架构

应用架构方面，需要明确大模型的业务应用领域和具体的应用场景，并对大模型提供的业务能力进行抽象和封装，形成标准、统一的大模型整合服务层，向上提供服务接口API，向下对接行内和行外的各类大模型服务能力，并在服务

层持续积累业务调用的场景数据和反馈，为后续调优和升级模型提供数据准备。

具体来看，大模型在银行的应用可以分为客户经营、风险管理、运营优化等不同模块，每个模块又包含多个具体应用场景，如智能客服、产品推荐、信用评估、文档处理等。

在此基础上，可以针对每个场景抽象出标准服务，例如智能问答服务、产品匹配服务、语义分析服务等，并以服务的形式进行统一封装，通过开放的API对接业务系统使用。

同时，大模型整合服务层可以对接行内训练的模型和行外的第三方模型服务，组合形成混合的模型服务供给体系。在服务层也可以持续积累用户交互数据、业务反馈数据，为后续的模型调优提供支持。

通过构建这种面向服务的应用架构，可以实现银行大模型能力的标准化、规模化部署和创新迭代，以满足复杂、快速变化的业务需求，实现大模型与业务的深度融合。

图2　客户体验管理和客户经营领域大模型应用架构示意图

2.技术架构

技术架构方面，需要建立涵盖基础设施、数据、模型库、优化层、风险控制层的五层架构的AI技术架构体系。

（1）基础设施层主要提供GPU、存储等硬件计算资源，以支持大模型训练和推理。

（2）数据层需要构建结构化和非结构化混合的数据池，并建立数据标注、数据清洗、数据治理等流程。

（3）模型库层需要预训练通用语言模型，并逐步积累各个业务场景的微调模型。

（4）优化层通过自动机器学习和强化学习等技术进行模型优化。

（5）风险控制层则对模型进行可解释性分析，避免模型风险。

同时，需要规划模型开发流程、在线服务流程、数据流程等技术流程，并选择合适的框架，构建模型开发、训练、验证、上线全流程。在部署方面，还需考虑云化部署架构，以及多云和边缘计算架构等。

通过全面规划架构，银行可以构建起可靠、高效、可控的大模型生成式AI体系，为业务创新提供坚实基础。

（二）各显神通：客户体验管理和客户经营中的大模型应用场景

大模型在银行客户体验管理和客户经营领域的多种场景中都能发挥重要作用。

在营销层面，大模型可以分析客户属性和行为数据，进行精准用户识别，实现针对性营销。在内容建议上，可以根据客户兴趣主动推荐个性化内容。

在服务层面，大模型可以辅助客户管理，提供智能问答和智能推荐服务。对客诉内容进行智能分析，主动完善服务流程。

在决策层面，大模型可以挖掘客户需求，进行产品创新和模式创新。在业务流程上，可以进行知识提取和业务预测，提升决策效率。

在风控方面，大模型可以辅助信用评估和反欺诈识别，降低银行操作风险。

在渠道建设上，大模型可以进行智能对话和语音交互，丰富客户服务渠道，结合电子渠道数据，可以实现精准营销。

在组织协同上，大模型可以进行知识管理和智能协作，加强不同部门之间的协同效率。

总之，大模型可广泛应用于客户管理决策、流程优化、风险控制等全链路，帮助银行实现客户操作的智能化和差异化，是提升客户体验的重要技术手段。

（三）客户倾听场景大模型应用示例

1.个性化的问卷调研

问卷调研是获取客户主观感受的主要手段，传统的调研问卷内容千篇一律，形式死板，回收率低且真实性较差。

通过大模型和生成式AI技术，可以根据每个客户的客户画像、行为历史、客户旅程上下文等信息生成个性化的调查问卷，并采用生动活泼的交互方式对客户进行调研。

具体来说，可以构建客户知识图谱，记录每个客户的基础信息、账户信息、交易信息、互动信息等结构化数据。同时利用基于大模型的NLP技术分析客户服务记录、社交数据等非结构化信息，形成客户兴趣模型。在此基础上，可以根据每个客户的特点，自动生成个性化的问题，涵盖客户属性、需求、反馈等多个维度，获取客户金融资产、兴趣爱好、家庭情况、投资偏好、金融需求等方面的信息，以及客户对银行产品、服务、业务流程等方面的意见和建议。

在问卷交互方式上，可以使用智能语音、情感化语言、语音问答等形式进行交互，提高参与度。也可以针对不同客户采用不同的话术、语气、语速、语序等，实现个性化的语言表达。

调研后，还可以采用文本挖掘、情感分析等技术分析问卷结果，识别客户痛点，提供相应服务，并反馈调研结果改进客户画像。

这种基于大模型的个性化问卷调研可以持续积累客户认知，实现对客户需求的主动洞察，是构建精细化客户画像，营造差异化客户体验的重要手段。

2.线上私域运营场景下的自动化客户画像

随着公域平台获客成本的提高，私域流量运营也成为大势所趋，手机银行、微信群、企业微信都是银行私域经营的主战场，银行普遍面临人手不足的问题，无法对线上引入的客户流量进行一对一的深入沟通和了解，实施营销和跟进服务。

基于大模型的强大的人机对话与信息提取能力，可以实现线上私域场景下的自动化客户画像。具体做法是：

（1）构建私域场景的智能对话机器人，利用自然语言理解技术，主动与客户进行深入交流，获取客户属性、需求、反馈等信息。

（2）对对话内容进行语音识别、语义解析、情感分析等，提取客户特征，并纳入客户画像当中。

（3）利用迁移学习技术，让机器人快速适应不同私域场景的语言风格。

（4）通过强化学习持续优化对话策略，实现主动引导和概括式提问，能快速锁定客户需求。

（5）支持多轮对话并追踪历史交互，让画像迭代更新，形成对客户的"记忆"。

（6）画像结果支持可视化呈现，方便客户管理人员进行检查和补充。

这种自动化手段可以大规模进行自动化的私域客户画像，并实时更新，提供精准的客户洞察基础，实现私域场景下的智能化客户感知和响应。

（四）分析洞察场景大模型应用示例

1.客户情感分析

客户情感分析是客户体验管理中的非常重要的方法，通过整合全渠道的客户之声数据，能够识别客户的真实情感偏向。传统的情感分析通常基于NLP技术和机器学习训练文本情感分类模型来完成，在模型的精准度、泛化能力等方面都存在较多问题，同时对训练数据的标注也有较高的要求。

大模型在文本的情感分类、抽取情感观点等方面都有非常优秀的表现，在客户的情感分析方面有非常广阔的应用空间。

（1）客户服务评价：对客服对话、客户反馈进行情感分析，评价服务质量；使用语音转文字、文本分析等技术，识别正负面情绪。

（2）产品舆情监测：分析客户对新产品的评价、吐槽、期望等情感倾向，提供产品优化建议。

（3）品牌形象评估：对客户对品牌的评论进行情感分析，评估品牌好感度、信任度等指标。

（4）营销内容评价：对营销内容的转发、评论等进行情感分析，评价内容传播效果，优化传播策略。

2.满意度/NPS预测

针对客户满意度调查或净推荐值NPS问卷调查回收率低的问题，银行可以结合大模型的语言理解能力，从客户对于产品或服务的评论文字、来自客服中心的咨询和投诉、客户在私域群聊中的消息文字、客户在社交媒体发表的帖子和评论等文本数据中分析客户情绪指数，预测客户满意度评分或净推荐值NPS打分，区分推荐者和贬损者，获取更准确、丰富的客户体验反馈。

下图是NPS分数预测的处理流程。

旅程体验数据采集	数据清洗整合	体验情绪分析	计算 NPS 分类	计算 NPS 分数
• 在客户旅程关键环节设置体验数据采集机制，包括问卷调查中的意见建议、客户对于产品或服务的评论文字、来自客服中心的咨询和投诉、客户在私域群中的聊天文字、客户在社交媒体发表的帖子和评论等。	• 根据采集数据的来源和格式不同，采取必要的方式进行转换和清洗，形成自然语言文本数据。 • 把每个客户的所有文本数据进行整合。	• 结合大模型的语言理解能力，设计提示词，通过API调用大模型对整合后的非结构化的客户体验反馈文本数据进行情绪指数的评分。	• 建立情绪指数评分和NPS分类评分之间的映射关系。 • 将每份文本数据的情绪指数评分转换为NPS打分（0~10），并按客户进行平均。 • 根据NPS打分，计算出每个客户的NPS类别：推荐者、中立者、贬损者。	• 根据推荐者、中立者、贬损者三类客户的数量，按照NPS计算公式，得到NPS分数。

图3　NPS分数预测的处理流程示意图

（五）体验优化场景大模型应用示例

1.超个性化触达内容生成

借助于生成式AI大模型，银行能够为每个客户生成个性化的触达内容，优化客户交互体验。

具体来说，可以构建集成客户数据、银行业务知识和内容创作技巧的大模型，实现自动化的个性化内容生成。

在客户数据方面，运用NLP技术分析客户的互动记录、社交数据等，建立客户兴趣和喜好模型。在业务知识方面，连接产品知识库、营销知识库、行业知识库等，让内容生成具备专业性。在创作技巧方面，通过强化学习获取有效传播的语言、展现形式等表达方法。

在生成过程中，可以针对不同客户个性化调整内容结构、语言风格、话语方式、情感表达等，实现一对一的内容输出。

同时，可以根据客户互动反馈不断改进内容策略，实现闭环优化。

通过大模型驱动的个性化内容生成，可以持续推送感知个性、富有价值的内容，培育客户黏性，形成稳固的互动关系。

下图是一个典型的基于提示工程的超个性化触达内容生成过程，除了内容生成外，通过In-Context Learning、微调、外接知识库等方法，大模型还具备内容预审的能力，完成消保权益审查、法律合规审查、宣传表述审查、隐私保护审查等预审工作，大大减少内容审批的工作量。

图4　超个性化触达内容生成过程示意图

2. 生成最佳 Offer 和行动

客户体验的管理和客户经营行动，贯穿于银行客户旅程的始终。客户旅程从开始到结束，客户在旅程的每个节点，都会与银行产生交互，交互的具体内容可以通过<Offer，渠道，时机，方式>这样一个四元组进行定义。不同的交互内容组合会决定客户在旅程中的每一步路径选择，并最终对客户体验和业务目标的达成产生不同的影响。因此，旅程的编排决策可以转化为一个优化问题：通过挑选每个节点的<Offer，渠道，时机，方式>的组合，找出最优旅程路线，实现最优的业务目标和客户体验。

对客户旅程端到端的每个节点都进行全面的数据采集，为模型训练提供了完整的训练数据。通过客户旅程历史数据以及对应的客户体验反馈结果数据，基于强化学习，能够训练得到客户旅程动态优化决策模型。

大模型虽然是语言模型，但是"大力出奇迹"，量变产生质变，大模型出现了很多超乎意料的能力，也展现出了优秀的上下文学习能力，使其可以像人类专家一样，基于当前场景对客户需求和行为模式进行合理推断。这种推理能力是传统模型所不具备的。在客户旅程的动态优化决策场景中，大模型可以充分发挥这一优势，帮助我们准确识别每一个交互点客户的意图、情绪和预期，并据此生成针对具体客户的最佳营销方案或服务建议，同时，大模型还可以预测客户的可能反应，并据此输出最优的后续交互或服务举措，以此实现客户旅程的"个性化动态优化"。

在大模型的助力下，银行客户旅程将呈现出前所未有的智能化和人性化，将有效提升客户满意度与黏性，是实实在在的商业价值体现。

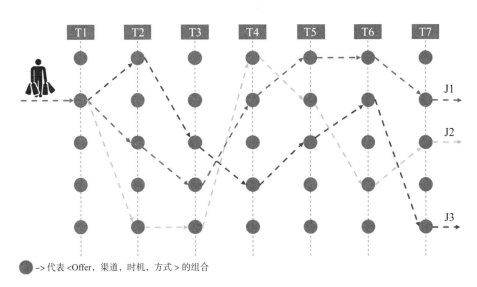

->代表 <Offer，渠道，时机，方式> 的组合

图5　客户旅程动态优化决策示意图

四、未来：银行大模型应用展望

有人认为大模型将重塑数字世界，也有人表示大模型将引领新工业革命，从更现实的银行客户经营角度出发，大模型是存量竞争环境下绝对不能错过的重大战略机遇。

随着数据的持续积累、数据安全和共享技术的不断完善、模型训练技术和算力的进一步发展，大模型在银行业的应用空间将持续扩大，多模态大模型、智能体、超自动化等智能应用都不再遥远，展望未来，大模型必将成为银行客户体验管理和超个性化客户经营的重要支撑，可以预见，大模型技术将推动银行实现由数据驱动到智能驱动的转型升级，所有的银行客户旅程都值得重新审视、设计和重塑。

作为银行业金融科技实践者，我们需要明确方向，打开视野，就像策略类桌游狼人杀中的预言家角色，利用自身的"查验"技能，为好人阵营提供逻辑推理基点，开启游戏视角，引领游戏的进程。我们也需要利用大模型和人工智能领域的专业能力和洞察力，为银行数字化转型提供逻辑支撑和前瞻性思考。

　　面向复杂多变的客户需求和经营环境，让我们充分利用大模型技术的力量，重新审视银行的客户旅程，从客户的角度出发重新设计每一个交互点，重塑银行与客户之间的连接。在实践过程中，秉持开放协作的心态，以大模型为引擎，以客户体验为核心，辅以新技术的力量，共同实现银行客户经营和客户体验的全新飞跃！